信解行證入華嚴

華嚴經法要

陳琪瑛——著

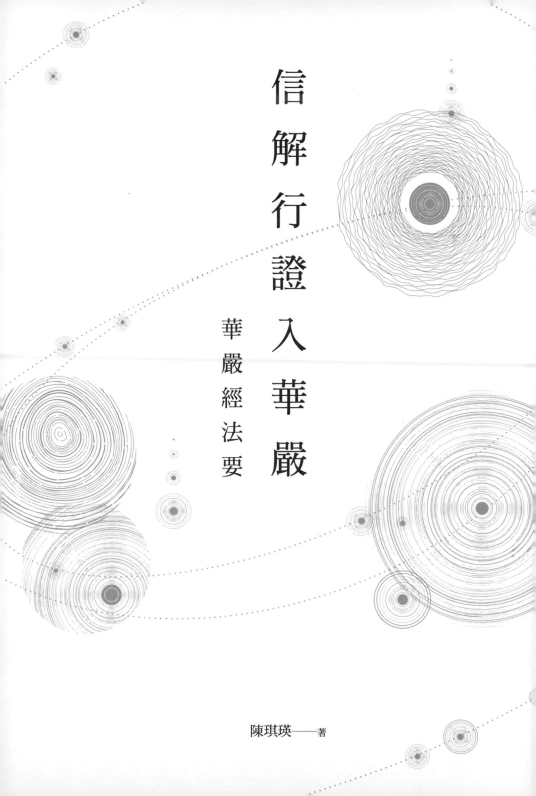

推薦讚文

海印三昧　定中頓演
二七日中　不離菩提
觀機逗教　法身大士
方便開示　七處九會
六位一音　行布圓融
一即一切　不偏不倚
十度濟物　悲智雙運
四攝五明　善巧利生
不思議法　行運無功
僧祇藏施　忍智度明
文殊啟教　普賢實行

善財南詢　明師難遇
一朝際會　彈指證真
琪瑛善知　開明教義
勸進後學　嘉惠桃李
欣慶佛門　再現慧根
華嚴大教　今日光明

華嚴蓮社董事長暨華嚴專宗學院院長
賢度
二〇二一年十月二日

〔導讀〕好好讀華嚴，讀華嚴好好

《大方廣佛華嚴經》有「經王」的美譽，古德云：「不讀《華嚴經》，不知佛富貴。」一富貴的《華嚴經》以描寫佛境界與菩薩入佛境界為特色，佛菩薩的境界，廣大富麗、神聖莊嚴、圓融無礙、不可思議。

《華嚴經》的浩瀚高深，令人嚮往，但也常令許多學佛者卻步。幸而琪瑛老師能夠活靈活現地講演與撰述華嚴，讓華嚴變成好好讀，讓大眾得以好好用心讀華嚴，品嘗研讀華嚴的殊勝美好。

琪瑛老師宿具華嚴慧根，自從讀誦《華嚴經》之後，即對華嚴心有獨鍾，碩博士論文皆以《華嚴經》為研究主題。多年來在華嚴蓮社的華嚴專宗研究所開演五十三參，同時也在法鼓山僧伽大學、法鼓文理學院推廣教育中心及法鼓山中山精舍講授華嚴，尤其在中山精舍對學佛大眾細講五十三參已屆四年之久，聞法大眾愈聽愈有滋味，場場爆滿，週週嘉惠現場一、二百人聞法歡喜，悠遊華嚴世界。

琪瑛老師的碩士論文：《華嚴經美學之研究》，為華嚴美學的開拓者。博士論文《《華嚴經．入法界品》空間美感的當代詮釋》，更深入研究經中「善財童子五十三參」的空間情境美學，其博論先經法鼓文化出版，後由元華文創出版而更名為《《華嚴經》的空間美學——以〈入法界品〉為主》。琪瑛老師於法鼓《人生》雜誌長期連載「善財童子五十三參」專欄，也結集出版成書：《尋找善知識——《華嚴經》善財童子五十三參》。以上兩書，都是以「善財童子五十三參」為主要題材，不過一本是學術論著，另一本則是佛普文學。同樣在《人生》雜誌長年刊載的「華嚴心鑰」專欄，更擴大導讀整部《華嚴經》，現在法鼓文化出版為：《信解行證入華嚴——華嚴經法要》。

琪瑛老師的著作屢受好評，不僅可做為解讀華嚴深奧玄理的引導，更難能可貴的是，作者的文筆鋪排得以令人感受到《華嚴經》的情境與風華。研讀大部《華嚴經》，尤其對現代人而言，常是困難而欠缺耐心的；但《信解行證入華嚴——華嚴經法要》卻容易閱讀，猶如一本深入淺出的現代小華嚴，循循善誘引導讀者進入華嚴大海。本書的特色略拈數點：

一、標題引人入勝：本書中各單元的標題生動活潑，有畫龍點睛之效，如：佛陀的神祕花園——第一〈世主妙嚴品〉，從萬德洪名起修——第七〈如來名號品〉，啟動自性的光明——第九〈光明覺品〉，菩薩心腸菩薩行——第二十一〈十行品〉，華嚴行海無盡藏——第二十二〈十無盡藏品〉，迴向如風行於空——第二十五〈十迴向品〉，神妙難測的智通——第二十八〈十通品〉，佛身相海無窮盡——第三十四〈如來十身相海品〉，廣大行願無量境——第四十〈普賢行願品〉。

二、詮解達古通今：本書以流通普遍的《華嚴經》為藍本：唐譯八十卷《華嚴經》，末後附加出自四十卷《華嚴經》的「普賢十大願王」。古德註解則依《華嚴經》的權威大家清涼澄觀國師《疏鈔》、李通玄長者《新華嚴經論》為指南，再輔以現代思維與文化，如：近代科學主義、水結晶實驗、瀕死經驗、冥想和平實驗、心理能量檢測、現代社會心態等等，解說華嚴達古通今，深入淺出，崇尚活讀活用佛經。

三、常引精彩經文：透過品味經文可帶人神遊佛境界，如：「佛身充滿於法界，普現一切眾生前，隨緣赴感靡不周，而恒處此菩提座。」「十方剎海叵思議，佛無量劫皆嚴淨，為化眾生使成熟，出興一切諸國土。」「華藏世界所有塵，一一塵中見法界，寶光現佛如雲集，此是如來剎自在。」「文殊法常爾，法王唯一法，一切無礙人，一道出生死。」「信為道元功德母，長養一切諸善法，斷除疑網出愛流，開示涅槃無上道。」「眾生形相各不同，行業音聲亦無量，如是一切皆能現，海印三昧威神力。」「心如工畫師，能畫諸世間，五蘊悉從生，無法而不造。」「若人欲了知，三世一切佛，應觀法界性，一切唯心造。」「普賢行願威神力，普現一切如來前，一身復現剎塵身，一一遍禮剎塵佛。」

四、用心著墨十地：《華嚴經》八十卷三十九品中，〈十地品〉具有單獨流通本，稱為《十地經》，開示菩薩道最重要的十地階段，〈十地品〉是讀通整部《華嚴經》的基礎，古代有專講十地的地論宗、地論學，可見十地的重要。〈十地品〉共六卷經，但在《信解行證入華嚴——華嚴經法要》書中竟占到全書六分之一的篇幅，可見本書對〈十地品〉的用心著墨，即如書中十地的名稱：歡喜捨得的初地菩薩、離垢清涼的二地菩薩……，一一都別具心裁。而也唯有通曉十地的五乘十度法門，才能掌握住《華嚴經》全經的骨幹脈絡。

五、濃縮〈入法界品〉：《華嚴經》最後的〈入法界品〉有二十一卷，本書中卻只有短短一篇的精華濃縮，不過書中在解說〈十住品〉中，每個階位都與善財參訪對照解說，有理念、亦有事例，成為前後經文互相呼應的示範例證。當然，琪瑛老師另有兩本〈入法界品〉的專書，讀者欲詳，自可查閱。

六、華嚴學小百科：本書每單元後附加小百科，選講相關佛學名相，讓讀者觀念更加清晰，詞條計有：華嚴經、華嚴經的版本、世主、華嚴放光、一真法界、剎海、因陀羅網、毘盧遮那佛、文殊菩薩、十信、一即一切、主伴圓明具德門、菩提心、信為道元功德母、灌頂、祕密隱顯俱成門、信滿成佛、淨行．梵行、念劫圓融、諸藏純雜具德門、行布不礙圓融、十行、無盡、最吉祥殿、一花一世界、雙迴向、鳥道、圓漸教、華嚴初祖杜順、華嚴二祖智儼、華嚴三祖法藏、華嚴四祖澄觀、法界緣起、十波羅蜜、三不退、力波羅蜜、十地、方網三昧、光網、大乘十喻、三大阿僧祇劫、微細相容安立門、十玄門、等覺、相好、普賢菩薩、性起、世出世間、入法界、七支供。

琪瑛老師大作《信解行證入華嚴——華嚴經法要》的出版，當能普惠眾多嚮往華嚴卻又難以入門之人，藉由此書漸能引人深入法海，期盼讀者都能夠歡喜來讀《華嚴經》，如《華嚴經．十地品》云：「如渴思冷水，如飢念美食，如病憶良藥，如蜂貪好蜜；我等亦如是，願聞甘露法！」

華梵大學佛學系前主任、佛教藝術學系教師
李治華

〔自序〕無盡法藏《華嚴經》

曾經有人問我：華麗莊嚴的《華嚴經》是佛典中難得窺見無盡法界的經典，此生不讀一回，甚是可惜！可是《華嚴經》好大一部，想要攝持，有心無力；如何才能讀懂《華嚴經》？

《華嚴經》雖然卷數浩如煙海、義理玄妙深奧，但若能掌握《華嚴經》的主要內容和基本架構，再著手讀《華嚴經》，將一目瞭然、事半功倍。

一、《華嚴經》的主要內容是闡述「佛境界」和「成佛的方法」。

佛陀開演「佛境界」不是為了開演而開演，而是為了讓上根利智的大菩薩當下頓證佛境界，就像佛陀拈花，迦葉微笑，是以境界型態、以心印心來開悟大菩薩。此外，也是讓未能頓證的漸教菩薩、甚至是凡夫如我輩等，對佛果妙境生起強烈好樂、願能證得的信念。所以，當我們讀誦《華嚴經》時，不妨以心靈去感受和體會，讓心融入經文美好的意境之中，對於佛果妙境沁潤日久，必能生起靈妙感受，甚至悟境。

不能頓證，佛也開示漸修「成佛的方法」，方法就是菩薩道的五十二階位、六位因果：十信、十住、十行、十迴向、十地、等妙覺。

《華嚴經》即是以「佛境界」和「菩薩階位」展開全經，而這與本經的基本架構又緊密相連。

二、八十卷《華嚴經》的基本架構，古德以修行次第的「信、解、行、證」四分來科判全經。

「信分」六品經文，佛陀親自開演佛果不思議的妙境，讓大菩薩頓證、或對「佛境界」仰信。之後的三十三品闡述「成佛的方法」，分別以「解、行、證」三分，三轉菩薩道五十二階位、六位因果，讓未能頓證、乃至凡夫眾生，能學習次第證入佛境界的方法。所以，四分的內容亦是「佛境界」和「菩薩階位」。

「解分」占全經最大分量，從第七至第三十七品分別解說五十二階位的法門；「行分」第三十八品，以一品經文圓修五十二階位，彰顯華嚴「行布不礙圓融，圓融不礙行布」的思想，這也是《華嚴經》的核心觀念。「證分」第三十九品是全經兩大部分的縮影：本會開演「佛境界」，讓上根利智的大菩薩當下頓證；末會善財童子展開朝聖行，漸入五十二「菩薩階位」。

《華嚴經》三轉五十二階位，可見本經對修行次第的重視。其中十信位是凡夫修行的階段，古德說我們宜多讀、多思惟、多修持十信位的經文。《華嚴經》有句名言：「初發心住即成正覺。」十信圓滿、一入初住就是佛了，何以故？因為修華嚴大法的凡夫是大心凡夫，也就是說，要成為華嚴行者，於十信階位必須轉為大心凡夫，以此為起修點才能接上華嚴圓教的修持大法。

十住位開始的四十二階位是法身大士的修證之道，法身大士是已證見空性、佛性的大菩薩。雖然我們未見、未證，但是我們可以見賢思齊，以法身大士的強大能量來提昇自己有限的格局和見識，擴展小知小見、小情小性的凡夫心性，轉為以眾生心為心的大心凡夫。

看似複雜難懂的《華嚴經》，若從本經的主要內容和基本架構來掌握，就能胸有成竹，慢慢得入華嚴境界。而且本經不是空談玄理的天書，其實是實實在在的修行寶典，我也在長年研讀華嚴的過程中，對修行之路益發清楚明白而堅定篤實，彷佛有了修道地圖，了然於胸。

本書的撰寫方式，大章節以「信、解、行、證」四分來建構，一方面合乎經文的脈絡，一方面豁顯華嚴修行次第的總原則。內容則是從各品的核心觀念、修行法門、蘊涵法義等等一品一品地導讀《華嚴經》，同時介紹如何將華嚴的智慧運用在生活中，各章並輔以「華嚴小百科」，分享有關《華嚴經》的佛教術語。

本書主要是依據華嚴四祖澄觀大師的《疏鈔》和李通玄長者的《新華嚴經論》，其中的十地階位特別參考引用印順導師的解說，導師以平淺的語言將登地菩薩修行的方法、奧祕，解析得清楚明白、淺顯易懂，故亦為本書的參考依據。

本書的完成，緣起於二〇一二年法鼓山《人生》雜誌邀約撰寫「華嚴心鑰」專欄，長期刊載而今結集修撰完成。感謝一切的因緣，包括道場的護佑、家人的護持和一切相伴的道友。

目錄

第二部 解

第二會

第七會

第三部　行

第四部　證

〔拉頁〕攝大經七處九會三十九品為四分五周因果

總論

古德依信、解、行、證四分解析《華嚴經》，
讓高妙難懂的華嚴境界有了次第趨入的方法。
七處九會是佛和大菩薩們
在人間天上七處開示成佛之道的九場法會紀錄。

《華嚴經》的結構

——信解行證

《華嚴經》在一般流通的佛經當中，算是卷數浩繁的大經，以流通本的《華嚴經》來說，共有八十卷三十九品，要了解這部大經，似乎頗為吃重！其實，只要掌握基本架構，就能了解《華嚴經》的意旨。就像初學佛的人，面對浩如煙海的佛法，若能了解學佛的基本次第，就有明確的方向。而《華嚴經》的基本架構，也是學佛者的基本次第，即「信、解、行、證」四分（參見書末拉頁〈攝大經七處九會三十九品為四分五周因果〉）。

舉果勸樂生信分

當我們對於某個信念有所認同，就會產生動力想去了解，乃至做為理想目標去邁進，就像小孩相信父母說的話，父母的價值觀就會影響小孩的一生。倘若我們認同的理念不夠廣大、精神理想不夠超越，我們的人生格局就會變小，乃至走向負面，造成錯誤的人生觀。所以，人所相信、認同的觀念，對其一生是具有非常大的影響力。

《華嚴經》在破題的六品經中，先將圓妙的佛果境界鋪展開來，就是為了讓學人有個正確圓滿的目標，做為一生追求的方向。近代在科學主義的主導下，人的視野往往陷於物化的世界觀，只注重今生吃好穿好的物欲人生觀。《華嚴經》開宗的六品經，開展了我們的視野，讓我們看到佛土的時空是如此地恢弘廣闊，佛的品格是如此地超脫曠達，若以佛為終極追求的目標，人生原來是可以如此地高拔圓滿。信對了目標，就是射向完美的標的，所以《華嚴經》這震攝人心的前六品經，以境界型態開啟人的信心，為服膺的人設下正確的終極密碼，古德因此判攝此六品為「舉果勸樂生信分」，亦名「所信因果周」。

修因契果生解分

有了終極目標，如何才能達到？《華嚴經》繼開宗六品經後，緊跟而來的三十一品經文就是在說方法，「解分」從第七品到第三十七品，古德統攝為「修因契果生解分」。

我們想要成就真善美聖的佛境界，必須修持相應的法門。如何修？首先在知見上須先建立正確的觀念，正知正見的建立是非常重要的，有正確的見解，才會有正確的判斷和抉擇，所以解分占整部《華嚴經》四分之三品數的極高比例，這三十一品極大的篇幅，在科判上又分為「差別因果周」和「平等因果周」：

（一）差別因果周：《華嚴經》從第七品到第三十五品，說明生命轉化的五大階段，就法門而言，稱為五位差別法門，分別是：十信法門（第七品到第十二品）、十住法門（第十三品到第十八品）、十行法門（第十九品到第二十二品）、十迴向法門（第二十三品到第二十五品）、十地法門（第二十六品）。

五位差別法門的次第井然有序、分別清楚，但華嚴的「差別因」即是「圓因」，因為華嚴境界是一個圓融的世界，所以，一切的差別因果，雖然有其各自的差別性質，但是一切的差別皆以圓融之理為體。因而，五位差別因果對於修學華嚴的行者而言，須以智慧深切理解每一種差別次序之中，都有一個圓融的內在力量，雖然各有不同的展現，卻不是各自獨立而排斥，而是包容互攝。因此在「差別因果周」之後，經文接著闡述「平等因果周」。

（二）平等因果周：佛境界是因果圓融的境界，所以在闡明成佛之道須修持的差別因果之後，《華嚴經》進一步提出「因果不二」的平等因果觀，分別是：第三十六品的〈普賢行品〉，說明因該果海；和第三十七品的〈如來出現品〉，說明果徹因源。

雖然因果差別的次第井然，絲毫不爽，不過華嚴行者在知見上須有因果不二的平等觀，因果不二有二義：1.因果同歸一理體，理體屬空，因此因果差別的境界，亦如空幻，所以說因果平等；2.基於事事無礙之理，因果交徹，所以因果平等。

再者，華嚴的因果觀是依據具足一切的圓滿佛性為體，也就是以華嚴圓滿的佛境界為生命終極目標的核心理念，以自信是佛來理解、修持一切差別的法門，此即是「以果地覺為因地心」。一切差別相雖仍具有森羅萬相的不同，但在圓滿平等的廣大包容中，一切的對立消弭殆盡，昇華至絕對境界之中。

對佛果境界起信而自信是佛的菩薩，能夠因為信解華嚴境界的因果，而趨向圓因、滿果。

託法進修成行分

有信、有解之後，須再展開具體的修持行動，才能進入圓滿無礙的佛境界，所以在信、解二分之後，《華嚴經》第三十八品〈離世間品〉是「行分」，所謂「託法進修成行分」，也就是依著解門的正法而精進修持。

行門是依正知正見而起行持，不是盲修瞎練，所以行門是依解門而開出相應的法門。解分以六會三十一品解說菩薩五十二階位；而行分僅以一會再行菩薩五十二階位，解、行二分同樣是說菩薩階位，可是在分量上，何以差別如此之大？

《華嚴經》的解分是說明菩薩階位的深淺次第差別，所以解分以六會三十一品解說信、住、行、迴向、地、等妙覺的六位因果法門，彰顯行布的分別次第。而行分雖然也具有六位行法，但更強調菩薩在修行上的圓融無礙，處世不染，以圓修一時「並收」六位因果。發大乘菩提心的菩薩，只要發心開始精進修行，行持六位法門的任一階位，就同時具足一切階位，位位交羅，通於始終，前後圓融，因為華嚴行海是圓融法門，所以發心菩薩只要是以華嚴佛果境界為信心，並依六位因果的知見修持，行分的圓融特質就會具體在實踐中開顯出來，一即頓收一切，一會具足一切會，所以行分以一會融攝多會。

〈離世間品〉全品經文是以問答方式進行，偈讚云：「普慧雲興二百問，普賢瓶瀉二千酬。」就是在普慧菩薩提出的二百個問題當中，行分會主普賢菩薩以二千偈申答一切的提問，每一個答案都圓收一切法門，都是普賢菩薩以生命體證的智慧而流瀉出來的答案。在問答中，普賢菩薩的圓妙智行一體呈現，菩薩的生命與智慧的高度，交輝生映。

依人證入成德分

《華嚴經》最後一品是〈入法界品〉，古德科判此品為「依人證入成德分」，是依佛菩薩和殊勝的善知識而證入甚深法界，修證圓滿的德行，所以稱為「成德」。

〈入法界品〉與前面三十八品的性質大相逕庭。前面三十八品是佛陀直顯證悟的內容，由如來性海開出廣大無礙的光明世界，敘述「如來」之緣起；最後一品則主要是以青年求道者善財童子的求道歷程為內容，展現逆流向上的法界風光，敘述「如去」之緣起。《華嚴經》因為有了這兩面的開顯，使得佛境界益發顯得深遠朗廓。也因此，〈入法界品〉別饒趣味而占有樞要地位。

善財童子五十三參，事實上就是前面三十八品經文該羅的六位因果，只是前三十八品是令有緣眾生起「信」、生「解」、修「行」，至此若無實證，則信、解、行皆如同虛設。因此，本品透過善財童子的真實示範，讓智、行融合成為在一真法界中的圓融自在行門。因而善財所依據的善知識，包括代表根本大「智」的文殊菩薩，和具諸妙「行」的普賢菩薩。智與行，是求道者的兩大要項，修行者若能圓融智、行，以「智」為前導，以「行」來體認向上的聖輝，圓德契聖，必然證入一真法界。

真善美聖合一

古德依信、解、行、證四分解析《華嚴經》，讓高妙難懂的華嚴境界變得容易趨入，這四分若以具象的方式來表徵，分別可以說是：如來佛境、大智文殊、大行普賢、善財參訪，結合這四種具象的表徵來說明《華嚴經》，就是說信分佛境界的呈顯，須以解分初會會主文殊菩薩的大智方能徹照，並以行分會主普賢菩薩的大行實踐圓善，才能趨入；最後以善財參訪的圓融智行，顯示出華嚴境界是真善美圓融的廣大境界。

信、解、行、證的四分結構，其實也是本經經題「大、方、廣」——「佛、華、嚴」的進路理序，「大、方、廣」是形容佛果境界，也就是信分的部分；「佛、華、嚴」則是從「雜華嚴飾無上佛果」的因果網，說明成就華嚴佛果境界的六位因果法門。依信、住、行、迴向、地、等妙覺六位因果法門發心、修持，就能證入廣大莊嚴的華嚴境界。

華嚴小百科

《華嚴經》

《華嚴經》的全名為《大方廣佛華嚴經》，「大、方、廣」是形容境界的廣大無邊；「佛」是證入廣大境界的聖者；「華」是菩薩在因地修行時，所成就的無量德行華果；「嚴」是莊嚴、嚴飾。「華嚴」直接解釋是萬行因華、莊嚴佛果的意思，以譬喻而言就是花園，象徵佛陀在因地行菩薩道時，成就了無量的菩薩德行，而這些德行華果圓滿、莊嚴了佛果廣大無邊的境界。簡而言之，《華嚴經》就是證悟者的花園。華嚴境界中，百華莊嚴的景象，是證悟者在因地修菩薩行的果德展現，所以《華嚴經》的內容重點是「佛境界與成佛的方法」，佛境界的廣大周遍、百華莊嚴，誠如古德所言：「不讀《華嚴經》，不知佛富貴。」

《華嚴經》的七處九會
——赴華嚴海會聽佛菩薩說法

我們常聽到《華嚴經》有七處九會之說，什麼是七處九會？

佛教道場在舉辦法會結束之後，如果將法會的時間地點、法師的開示、法會的流程，和法會過程中的種種，都記錄下來，就可以成為一份完整的法訊。《華嚴經》從這個角度來說，七處九會就是佛和大菩薩們在七個地方、開了九場法會的完整紀錄，這九場法會當中，佛菩薩開示的法、展現的神通變化、深入三昧禪定等等的境界，就是《華嚴經》的詳細內容。

《華嚴經》的九場法會，與會者不是凡夫俗子，而是佛和法身大士，所以精彩無比，絕無冷場。我們在讀《華嚴經》每一品經文之時，若能將經文立體化，想像自己正在參與佛菩薩們一場又一場的盛會，就能進入佛菩薩的法會時空！

現在我們就來參與佛和大菩薩們在七個地方舉辦的九場法會：

第一會：見佛境界

我們通常會認為，佛菩薩們的集會應該是在他方世界的神聖國度；然而暢談佛境界的《華嚴經》卻打破我們凡夫的思維，佛菩薩們的第一場法會，不在佛國淨土、不在天上，而是在五濁惡世的娑婆世界舉行。《華嚴經》的首場法會是在佛陀始成正覺的摩竭提國菩提道場舉行，這是以人間成道的地點，表示再汙濁的人世間，也可以成就佛道，而且可以將惡世穢土，當下轉變成妙不思議的佛國淨土。

第一場法會的紀錄有六品經文：〈世主妙嚴品〉、〈如來現相品〉、〈普賢三昧品〉、〈世界成就品〉、〈華藏世界品〉、〈毘盧遮那品〉，其中第一品〈世主妙嚴品〉記錄佛陀始成正覺時，人間的大地瞬間轉變成金剛寶地，各種鮮花、寶珠莊嚴其地，摩尼幢幡放大光明，各種妙音空中響起，菩提樹變成金剛樹身，琉璃枝幹，恆出妙音，放大光明，於光明中雨摩尼寶，摩尼寶內有無量菩薩眾雲集。

本來平凡無奇、甚至塵土飛揚的菩提伽耶，剎那間變成清淨莊嚴、神妙變幻的佛境界，這一切的轉變，都是因為成道的巨大心靈能量而發生驚天動地的改變。第一場法會，佛未說法，象徵果地是言語道斷、心行處滅。然而，第一場法會是開演佛境界，佛不說法，那是由誰說法？

第一場法會是由象徵因地圓滿的普賢菩薩，做為《華嚴經》教主毘盧遮那佛的代言人，表徵果地不可說，因地可說。普賢菩薩承佛威神之力，入「如來藏身三昧」，由此三昧引發一切三昧，於三昧中，十方世界悉皆震動，嚴淨莊嚴，普賢菩薩承十方諸佛授予十種說法的妙智，說如來依、正二報莊嚴的由來，開演佛國世界的清淨莊嚴。

第二會：開啟智信

第二場法會的會主是文殊菩薩，講十信法門，共有六品經文：〈如來名號品〉、〈四聖諦品〉、〈光明覺品〉、〈菩薩問明品〉、〈淨行品〉、〈賢首品〉。

文殊菩薩深具無量妙智慧，是過去一切諸佛的老師，就像即生成佛的善財童子，也是經由文殊菩薩的啟蒙，發起上求佛道、下化眾生的菩提心。要讓眾生幡然醒悟，從凡夫的念頭轉變為聖者的思維，是很不容易的，因為這是「倒果為因」的果地教法：要讓眾生自信具有佛性，欣樂第一場法會佛所示現的廣大果報境界，就是自己本自具足的境界。這種直探佛性本懷的教學方式，必當以慧詰第一的文殊菩薩為法會會主。

自信是佛，雖是直入佛性的果地教法，卻是凡夫可以興發的信心，所以第二場法會在人間的普光明殿舉行，由文殊菩薩和九位上首菩薩相互問答，說明十信慧解的真理。十信是從凡夫位起信，必須十信滿心才能以無作方便定來印證，所以十信位不入定。

第三會：轉凡成賢

第三場法會是在須彌山頂，帝釋所居住的忉利天宮妙勝殿舉行，說十住法門。十住法門必須以無住智才能體會，所以第三場法會從人間上升至天上舉行，是藉由空間的升躍，象徵超離世俗雜染，以超拔的智慧，體會諸法空相的實意。

此會會主是法慧菩薩，入「無量方便三昧」，諸佛菩薩一一給予智慧灌頂，法慧菩薩於定境中以偈語讚美佛，暢談直心正念的真如法，一句一偈均是超情離念，共有六品經文：〈昇須彌山頂品〉、〈須彌頂上偈讚品〉、〈十住品〉、〈梵行品〉、〈初發心功德品〉、〈明法品〉。

第三場法會，要讓在第二場法會生起廣大圓信的凡夫，躍入十住位，放下凡夫思維、翻轉為性空緣起的正見，如此則能生如來家，並依據根本智而住於佛法中，信心不動轉，得到佛的智慧，成不退轉菩薩，證「下賢位」，這是場凡夫翻轉成賢者的法會。

第四會：功德勝行

佛不離菩提樹下及須彌山頂的同時，又上升到夜摩天宮。夜摩天王遙見佛來，化現出百萬倍於帝釋天王為佛鋪設、更為廣博嚴麗之寶座，拉開了第四場華嚴法會的序幕。

第四場法會的主題是「十行」法門，也就是開示六度萬行的利他之行，共四品經：〈昇夜摩天宮品〉、〈夜摩宮中偈讚品〉、〈十行品〉、〈十無盡藏品〉，此會的主持是功德林菩薩。功德林菩薩妙行廣大，積聚眾多功德，廣被眾生，以其勝行功德廣大，故為宣講十行法門的法會會主。

發了心、轉凡入賢之後，更應繁興萬行，以佛的根本智起普賢行，所以在第四場法會，功德林菩薩承十方諸佛威神力的加被、智慧摩頂之後，從「菩薩善思惟三昧」禪定中起，代佛宣講十種利益眾生的勝行。十行法門是菩薩的利他之行堅固成長，不容破壞，建立因行，趨向佛果，故而證得「中賢位」。

第五會：上下迴向

世尊不離一切眾會，又上升到兜率天宮，在一切妙莊嚴宮殿舉行第五場法會。兜率天又名知足天，雖然未離欲界，卻能知足而不放逸，表示常處中道，所以在兜率天舉辦的法會是宣講上下迴向均融的「十迴向」法門，共三品經：〈升兜率天品〉、〈兜率宮中偈讚品〉、〈十迴向品〉。

十住、十行的法門，較為偏真出俗，大悲心較弱，而菩薩行更是要以所修的一切善根福報迴向有情、無所執著，證得「上賢位」。此會的會主是金剛幢菩薩，比喻菩薩道行高超如金剛不壞，可以深入罪惡煩惱中以解救眾生，又能向上達到與菩提相應的光明境界，這樣自在的上下雙迴向，充分表現出任運逍遙、無所障礙的精神。

第六會：金剛十地

佛上升到欲界天之頂的他化自在天，開演第六場法會，唯〈十地品〉一品經文，由金剛藏菩薩為會主，宣講十地法門。金剛藏菩薩宣講十地法門，有二點殊勝之處：一是金剛藏菩薩具有堅固如金剛的善根，是證入「十地」的保證。二是金剛藏菩薩以身所證，成為與會大眾修行的示範。

十地法門是每位修道人成佛必經的歷程，經文以「字母」形容十地的重要性，一切語言文字皆離不開字母，而一切佛法則可說是離不開十地。「一切佛法皆以十地為本，十地究竟修行成就，得一切智。」

（一）利他十地

歷經十住、十行、十迴向等菩薩階位之後，到了十地，又重返人天、聲聞、緣覺等三乘開始修行。尤其在歷經十迴向的圓融無礙境地之後，再修人天、聲聞、緣覺等三乘法門，就菩薩階位來說，彷彿是走回頭路，著實令人匪夷所思。

十地菩薩重歷人天三乘，與人天三乘等人的境界是不同層次的：人天三乘是在摸索中跌跌撞撞、或退或進的修學；十地菩薩重歷人天三乘，則是具有智慧眼觀照一切，深化每一段歷程，開發更多的方便法，引導還在這些階段沉溺的眾生走出困頓。就像博士畢業後重返小學、中學、大學、研究所，就和這些階段的學生不一樣，他可以全面性地觀照這些階段，以深刻的智慧、圓融地教導每一階段的學生。所以十地是聖位，是在利他中成就自利，而這才是真正圓滿的佛境界，圓滿了五乘所有的修學次第，圓滿了一切佛陀的教法，所以十地是一切佛法的根本、一切菩薩證悟佛果的「最上法門」。

十地菩薩以無漏分別智，體會真如，通達二空無我之理，照見真理，斷除餘障，為見道位，後得智起利益眾生的大用，自他皆能自在，此與他化自在天的有情能於他所變化的欲境，自在受樂，有異曲同工之妙，所以佛上升到他化自在天，開示十地法門，是說法地點的巧妙殊勝。

（二）虛空鳥迹

十地法門之所以甚深難思，除了十地修學的次第須重歷人天三乘之難解外，菩薩證悟的境界也是難思難解。雖然登地菩薩化身為人天三乘，可是登地菩薩的智慧境地是不同於三乘學人，登地菩薩的智境就像是虛空飄忽的風相，只能感受，無法言詮，如人飲水冷暖自知，所以金剛藏菩薩難以言詮。雖然難以言詮，但是每登一地，依然是有跡可循的，經文以「空中鳥迹」形容，虛空中的鳥迹，似有、卻已消融於虛空之中，所以十地寄託在五乘，以次第分明表達圓滿的佛法，正是華嚴境界的「行布不礙圓融，圓融不礙行布」。有跡，卻是空中之跡，沒有滯礙性，但又不失一行一印的漸次性。

第七會：再會普光明殿

普光明殿就法義來說，象徵我們的本覺自性，「解分」的首場法會開啟行者的光明本覺，興發廣大的菩提心、證入十信法門。以此光明本覺的信心起修，歷經住、行、迴向、地、等覺五位升進，圓滿妙覺果位，光明的本覺與究竟的覺性會合，於是「解分」的末場第七會，再會普光明殿，是因該果海、果徹因圓的表徵。

第七場法會呈現的是華嚴最高的佛果境界，佛果境界浩如煙海、廣大無盡，然其微妙處卻又能精密細緻地微乎其微，這極廣大又盡精微的佛果境界，即使是法身大士也難以思議，所以第七場法會的會主是如來，由如來自說果位等妙覺法門。

毘盧遮那如來自己入定，三世古今一切劫，皆圓頓於一彈指頃，為了表現佛果境界的廣大而又微細不可思議，開展出十一品經：〈十定品〉、〈十通品〉、

〈十忍品〉、〈阿僧祇品〉、〈壽量品〉、〈諸菩薩住處品〉、〈佛不思議法品〉、〈如來十身相海品〉、〈如來隨好光明功德品〉、〈普賢行品〉、〈如來出現品〉。

這十一品經的前九品，是從不同角度呈現佛果難思難議的因果境界：〈十定品〉和〈十通品〉是從禪定境界和神通變化，凸顯華嚴境界的甚深定境和神妙無限，包括：十大三昧和十種神通。〈十忍品〉說明佛菩薩的忍辱波羅蜜，由觀一切法如夢幻泡影，而能堪忍一切難忍境界；也因堪忍難忍，而能行難行之利他事業。〈阿僧祇品〉和〈壽量品〉展現了法界量的廣大數理境界，其數量之廣大，超越天文數字，而也唯有如此廣大的數字，才足以形容佛果境界的廣大浩瀚。佛果境界不僅廣大浩瀚，同時也是精密微細至不可思議，在〈佛不思議法品〉、〈如來十身相海品〉、〈如來隨好光明功德品〉三品中，將佛的隨身相好和種種奧祕和盤托出。

盡精微又極廣大的佛果境界都集中在第七會，因為此會是宣說最高階位「等妙覺法門」，所以登場的都是華嚴最高的境界。而這些高峰境界，最後歸結在平等因果的兩品：闡明「平等因」的〈普賢行品〉和「平等果」的〈如來出現品〉。〈普賢行品〉說明佛果境界之所以能夠如此殊勝奧妙，是因為佛在因地菩薩修持的階段，廣行普賢願行；當因圓果滿之時，如來出現於世，〈如來出現品〉所呈現的就是華嚴最高佛果境界的果滿最高峰。

第八會：三會普光明殿

華嚴九場法會中，有三場法會是在普光明殿舉行，傳說普光明殿是尼連禪河的龍王所獻，在菩提場側、尼連禪河旁。這三場法會除了「解分」的首場（即第二會）和末場（即第七會）之外，「行分」又在普光明殿登場，這表示行持不能離開解門、是依解門而成就，亦表示修行片刻都不能離開本具的廣大光明覺性，所以三會普光明殿。

第八會由普慧菩薩向願行廣大的普賢菩薩提出二百條修行上的問題，做為會主的普賢菩薩各以十個答案回覆，問一答十，彰顯華嚴的圓滿行、無盡行。這二千段的普賢勝行，是普賢菩薩常行、所行的法門，讓有緣聞法的眾生得以如法仿效修學，以圓滿如普賢菩薩般的華嚴廣大行，收錄於〈離世間品〉，所以古德讚此品：「普光三會，萬行圓修，普賢瓶瀉二千酬，苦海泛慈舟，一句全收，法義一齊周。」

像普賢菩薩般的華嚴行者，都是基於圓具一切的光明覺性而起修，起行圓融，一切行持皆成圓融之行，因此第八會是一會頓起，一時頓演，並收信、住、行、迴向、地、等妙覺之六位因果行法，一位具足一切位。

此「行布不礙圓融，圓融不礙行布」之理，在〈夜摩宮中偈讚品〉有個譬喻可以說明：「譬如算數法，增一至無量，數法無體性，智慧故差別。」對於剛學數字的小朋友來說，每個數字都要次第去數，甚至手指、腳指都要搬出來數；但是對於圓熟數字規則的大人來說，任舉一數皆可通達每個數字在所有數目字中的前後、地位、關聯性，亦知悉每個數字無體性，故能靈活運用，增減無礙。漸教行布的修持，就像是剛學數字的小朋友，必須次第分明地一一進修；而華嚴圓教的修持，是以本具一切的光明覺行起修，就像是了然數理世界的大人，一位就圓具一切行布次第，然而行布次第依然井然有序。此即為華嚴圓教行門的「行布不礙圓融，圓融不礙行布」。

第九會：善財童子五十三參

華嚴最後一場法會僅〈入法界品〉一品，此品是《華嚴經》信、解、行、證中的「證」分。解分、行分一再說明，成佛的方式就是歷修五十二階位的菩薩道，但是佛果這麼高妙難以思議的境界，凡夫真的有本事依菩薩階位證入嗎？

在第九場法會當中，善財童子做為具體的示範，從凡夫位開始進修，以行動力和意志力參訪寄位於信、住、行、迴向、地、等妙覺之五十三善知識，具體展現菩薩道五十二階位是凡夫如實可以證入的。

五十三善知識的身分共有十五類：比丘、比丘尼、長者、婦女、童子、國王、船師、醫師、婆羅門、外道、仙人、菩薩、地神、天神、夜神。長者及婦女的數量最多，各有十位；次多的是夜神，有八位；再次是菩薩及比丘，各有五位；童子三位；婆羅門及國王各二位；其餘的都是一位。善財童子參訪的善知識，廣泛包含了各種年齡、階級、職業、信仰等，說明《華嚴經》廣大包容的精神。

其中參訪的女性善知識多達二十多位，在古代重男輕女的時代，女性做為老師、指導者幾乎是不可能，但在《華嚴經》卻出現了。此外，彌伽大士是印度土著，船師是賤民階級，在傳統印度的種姓制度下，他們是沒有地位的；而《華嚴經》打破性別、種姓制度等的外在價值觀，直截對焦在內在的修為，闡明成佛的修行道上，更應關注的是心性品質。

小結

佛陀與法身大士所舉辦的九場華嚴盛會，第三、四、五、六的四場法會，佛陀上升於天上舉行，宣說十住、十行、十迴向、十地等解分法門，說明賢聖的知見是超離凡塵俗世，點出修行人在知見上要能超拔、高遠、廣大，如凌空般看視一切，自能脫俗不染。而第一、二、七、八、九的五場法會在人間舉行，則說明對於佛境界的信心建立、證入佛境界的修行，不是高不可攀、或好高騖遠，而是要腳踏實地、安住於現實生活的每時每分，篤實修行。

在天上舉行的四場法會，十方世界菩提道場的菩薩，皆見如來依然宴坐於菩提樹下，不曾離於本座。佛於一時而周遍十方的不可思議境界，連法身大士的菩薩，也難以思議，可見富貴華嚴的佛境界，真的是難思難議！

華嚴小百科

《華嚴經》的版本

《華嚴經》有三譯本：

（一）最早譯出的是《六十華嚴》，又稱「舊華嚴」、《晉經》，共六十卷三十四品，東晉佛馱跋陀羅譯。全經分為七處八會，古德攝為四分五周。《六十華嚴》文字典雅；但文義不全，故而流通不廣。

（二）最流行的是《八十華嚴》，是三譯本中最完整的版本，又稱「新華嚴」、《唐經》，共八十卷三十九品，唐代實叉難陀譯。全經分為七處九會，亦攝為四分五周，文字風格保有梵文的味道。

（三）《四十華嚴》，全名為《入不思議解脫境界普賢行願品》，又稱《貞元經》，共四十卷，唐代般若譯。第一至三十九卷是〈入法界品〉的異譯，第四十卷是〈普賢行願品〉，內容記述善財童子五十三參而成就普賢行願。此本內容較〈入法界品〉大為增廣，是三譯本中仍有梵文本的《華嚴經》。

〈第一部〉

信

《華嚴經》起首六品，
以莊嚴浩瀚的佛境界華麗登場，
為服膺的人設下正確的終極密碼，
因為，信對了目標，就是射向完美的標的。

第一會

法會在佛陀始成正覺的摩竭提國菩提道場拉開序幕，
由因地圓滿的普賢菩薩代言佛果境界，
表徵果地不可說，因地可說。

佛陀的神祕花園

——第一〈世主妙嚴品〉

佛陀的心性境界是什麼樣的風光？是無雲晴空？還是虹彩炫麗？

覺悟者的心，對我們不覺的人來說，就像是一座神祕的基地，看似無事掛心頭，卻又似蘊藏了無盡寶藏。而《華嚴經》就是講述覺悟者「佛」的心性境界，本經全名「大方廣佛華嚴」即是形容佛的心性境界是座繁花盛開的大花園，其中第一品〈世主妙嚴品〉更是直接鋪展佛成道時心地圓滿的莊嚴景象。佛境界為何以繁花盛開的富麗景象來形容？如何才能進入證悟者這神祕而繁花盛開的花園？

打開神祕花園的鑰匙——心

〈世主妙嚴品〉是《華嚴經》開卷之首的五卷經文，破題的場景，是從佛陀始成正覺展開。佛陀成就無上正等正覺之時，其成道四周的凡塵景象，剎那間變幻為繁花莊嚴、玄妙神奇的不思議境界。這是佛陀極圓滿的神祕心境所擁有的巨大能量，故能啟動每一寸空間的光明本性，不清淨的穢土全面性地改頭換面，轉變成覺悟者燦爛芬芳的功德花園。

佛陀的神祕花園，瞬間呈現，但是，不是所有的人都看得見，能夠和佛陀一起走進神祕花園的關鍵密碼，不是高深淵博的佛學知識，也不是經驗豐厚的老參知見，而是清淨無染的真心。每個人都擁有這把鑰匙，或說，這座神祕花園，其實是每個人共同的花園，它一點都不神祕，只是我們不得其門而入，於是佛陀的花園變成美麗而遙不可及的夢幻國度！

《維摩詰經》亦有一段穢土變淨土的神蹟，並點明轉變的因素是「心淨則國土淨」。

佛開示舍利弗「心淨則國土淨」，舍利弗大為疑惑，因為心地清淨的世尊，他身處的娑婆世界並不是清淨莊嚴的佛國淨土，而是黑山石沙、穢惡充滿的五濁惡世！

佛陀知悉舍利弗的心念，便以足指按地，三千大千世界為之震動，娑婆世界剎那間幻化成如來嚴淨的莊嚴國土，無量魔眾甚至看見自己坐在蓮華寶座上。

佛說：「我的國土本是如此，只是為了度化眾生，隨順煩惱眾生，示現不同的國土景象。如果是心地清淨的人，看見的國土景象就是清淨的。」

淨土與穢土的差別，就在於心，心清淨，不僅自己的依報世界隨之莊嚴，而且所見的一切國土世界，悉皆清淨莊嚴。

解開神祕花園的密意

佛陀神祕花園的關鍵密碼既然是心，也因此，佛陀花園的一切展相，不是為了莊嚴而顯相，而是蘊涵了深沉的意味——佛陀心地。佛陀心地有何玄機？

（一）大地

《華嚴經》在〈世主妙嚴品〉首先描繪大地的神變，此即密意之源：

一時，佛在摩竭提國阿蘭若法菩提場中，始成正覺。其地堅固，金剛所成；上妙寶輪，及眾寶華、清淨摩尼，以為嚴飾；諸色相海，無邊顯現；……佛神力故，令此道場一切莊嚴於中影現。

大地就是心地，心地轉變了，外在世界的地景也就全幅改觀。佛成道時，整個大地轉變成金剛寶石，這是因為佛陀成就了金剛心，當心地猶如金剛般有著如如不動的堅定心地，修行之輪即能不斷前進，成就戒香芬馥、利他光明等的百花和果實。

於是，金剛寶地出現了相應的莊嚴物：璀璨寶物裝飾的輪子、芬芳燦爛的花朵，以及清淨的摩尼珠寶等，摩尼珠寶變現出無盡的寶物，如下雨般地無法計數，這些寶物不只綻放光明，並且流瀉出美妙的聲音，寶物羅織成網狀，以繽紛多彩的纓帶做為飾物垂掛在四周……。各種景象像海一樣的廣大豐富，無量無邊地顯現出來。

這些莊嚴景象，都是佛陀自性的功德寶藏，相應而現前，當內在心性全然清淨、了悟萬法皆是性空而緣起之時，即可於虛空中如幻影般地自在變現出功德法財！

（二）菩提樹

金剛心地是神祕花園的密意之源，菩提樹身則是鎮園之寶：

其菩提樹高顯殊特：金剛為身，瑠璃為幹；眾雜妙寶以為枝條；……又以如來威神力故，其菩提樹恒出妙音，說種種法，無有盡極。

佛陀的神變花園當中，最高大醒目又特殊的景觀，是佛成道的菩提樹。菩提樹表徵覺悟的智慧，意味著覺悟是所有修行功課中最重要、最莊嚴的成果。覺悟的心要像培養大樹般的枝葉繁茂，有著雄健壯大的覺知力，才能抵擋無明風雨的摧殘而依然屹立不搖。當菩提覺性威光赫奕，即能庇蔭眾生，利他而演說妙法。

（三）宮殿和師子座

園林景觀另一主要莊嚴物，是幻現的宮殿和師子座：

如來所處宮殿樓閣，廣博嚴麗充遍十方，眾色摩尼之所集成……。

其師子座，高廣妙好：摩尼為臺，蓮華為網……。

宮殿象徵拔苦予樂的廣大慈悲，佛陀無始以來為了救度眾生而行難行之苦行，慈悲是成佛的必要條件，沒有慈悲心，無以成佛。成佛的目的是為了度眾，所以以師子座表徵說法度眾無所畏懼。宮殿與師子座，二者皆是利他的願行，並有無量功德為莊嚴物。

金剛心地、覺悟大樹、慈悲宮殿、說法法座，雖說是佛陀花園的主要景觀，但其實園中的一景一物，都是佛陀因地修行的花果展現，古德言：「一因行成一切嚴，或一切行成一嚴。」佛陀因地的德行萬千，故而幻現出繁花莊嚴的神祕花園！

神祕花園的主人

佛陀的神祕花園，首先談到金剛地，揭示心地工夫是成就佛境界最重要的基礎。其次說到菩提樹，說明覺悟是證果的因素。之後，展開了度眾的慈悲宮殿和說法法座，以及各種嚴麗而神妙的景象。在呈現佛陀依報莊嚴的境界之後，此品描繪佛陀正報的妙嚴：

爾時，世尊處于此座，於一切法成最正覺，智入三世悉皆平等，其身充滿一切世間，其音普順十方國土。……身遍十方而無來往，智入諸相，了法空寂。三世諸佛所有神變，於光明中靡不咸覩；一切佛土不思議劫所有莊嚴，悉令顯現。

佛陀成道，三十二相、八十種好，威光赫奕，超出一切，自不待言；更重要的是，佛陀在身、口、意三業的展現，都是廣大清淨。身：凡夫見佛是身處菩提樹下，未曾移動；然而佛陀的境界是身恆遍坐一切道場，充滿一切法界。口：一音演說，非僅一處一地的法音宣流，而是普順十方國土，無有障礙。意：智慧廣大，超越時空的障礙限制，遍過去、現在、未來，皆能普入，平等一味。

清淨平等的上首菩薩

佛陀的神祕花園，不是只有佛陀一人孤芳自賞，事實上是熱鬧非凡，除了十佛世界微塵數菩薩大眾，還有諸天神眾、天龍八部等四百多位上首神祇及無量神眾，群聚在這事事無礙的方寸之間，他們在佛陀證悟的巨大能量啟動之下，分別證得四十二類各自的解脫門，每位都以其生命解脫的獨到特質，在佛陀的神祕花園中，綻放最瑰麗的色彩，莊嚴佛陀生命圓滿的大花園。其中，上首菩薩所展現的生命精彩，是清淨平等：

普賢菩薩摩訶薩、普德最勝燈光照菩薩摩訶薩、……如是等而為上首，有十佛世界微塵數。此諸菩薩，往昔皆與毘盧遮那如來共集善根，修菩薩行；皆從如來善根海生，諸波羅蜜悉已圓滿；慧眼明徹，等觀三世；……。

菩薩以救度一切眾生為其慈悲利生的志業和行願，尤其是上首菩薩，已行無量廣大的利生事業。菩薩道是條難行道，發了大心想救護眾生，但在現實上常會遭遇挫折和失敗，甚至受到羞辱或殺害。而上首菩薩之所以能廣行菩薩行，不是他們沒有障礙，而是因為他們以清淨心、平等心、恭敬心對待一切。只有當心地是清淨、平等、恭敬的時候，才能體悟障礙不是障礙，反而會感恩障礙，轉障礙為善緣，成就圓滿周遍的一切賢善之行，所以上首菩薩當中，又以普賢菩薩為首。

參與佛陀成道的菩薩大眾，成就了廣大清淨的普賢行，具足無量的功德和智慧，諸如：三昧清淨、辯才廣大、隨處現身、應根度眾……。這些廣大清淨的德行，都是從如來善根海生，曾與如來共集善根。眾生與佛皆是同一體性，所以當菩薩以清淨心、平等心而行菩薩道時，就通向了清淨平等的佛性大海，與覺悟的佛陀主伴圓明、共集善根。

除欲斷妄的天王諸神

所謂：「愛不重，不生娑婆。」娑婆世界的眾生貪愛染重，佛陀在《楞嚴經》中開示，欲界天男女的貪愛，若是欲望愈少，則在天界的層次愈高；若能離欲證得四禪八定，則能離開欲界，生到色界、無色界天。參與佛陀成道的諸天神眾，往昔都在一一諸佛證悟能量的感召下，已證得了清淨無染的三昧解脫境界：

尸棄梵王，得普住十方道場中說法而所行清淨無染著解脫門；慧光梵王，得使一切眾生入禪三昧住解脫門；善思慧光明梵王，得普入一切不思議法解脫門……。

諸天神眾示現去欲斷妄的清淨相，並於菩提樹下更加深入各自的解脫門。

生氣盎然的天龍八部

菩薩諸神所展現的都是神格性的清淨相，另有一類參與佛成道的大眾，則是極具個性的聖眾，即天龍八部：

復有無量阿脩羅王，所謂：羅睺阿脩羅王、毘摩質多羅阿脩羅王、巧幻術阿脩羅王、……如是等而為上首，其數無量，悉已精勤摧伏我慢及諸煩惱。

天、龍、夜叉每位都充滿了爆發性的生命力，凸顯佛性中的雜染相——貪、瞋、癡。個性、習氣這些雜染，一旦翻越，便躍入解脫門，成就菩提性德，展現出強而有力的雄健生命力。

華嚴小百科

世主

「世主」即世間主，包括佛與各類世間之王。華嚴宗認為，世間有三種：一是器世間，即物質世界，器世間主是指物質世界中的神祇，如：地神、水神、林神、山神等。二是眾生世間，又稱為有情世間，有情世間之主包括：天王、龍王、夜叉王等。三是智正覺世間，是指精神覺醒的聖眾，如來具有最高智慧，永離偏邪，深刻洞悉世間和出世間法，所以智正覺世間之主即是如來。

總之，世主包括山河大地一切神祇，也包括人王、天龍八部，以及佛菩薩等一切聖眾，而〈世主妙嚴品〉就是在說明一切世主的殊勝德行，都來莊嚴佛國淨土。換句話說，廣大莊嚴的佛境界，正是因為能夠含容各種不同類型的生命精彩，故能成其富貴嚴麗的華嚴境界。

菩提樹下現瑞相

——第二〈如來現相品〉

〈世主妙嚴品〉與會的菩薩海會眾及一切世間主，在佛陀的神祕花園，親見佛陀不可思議的神妙境界之後，渴仰希求亦能證入具足一切的莊嚴佛境界，因而與會大眾有志一同地共興一念：如何修持，才能證得佛果華嚴境界？

海眾興念，如來將酬

佛陀證悟的菩提樹下，於小小的方寸之間，因證悟的力量而展現出廣大無礙的佛境界，海量般群聚的無量聖眾，既欣樂而又好奇，如何能夠證得如此殊勝無比的佛境界？此一疑念展開而有四十疑團：

爾時，諸菩薩及一切世間主，作是思惟：「云何是諸佛地？云何是諸佛境界？云何是諸佛加持？云何是諸佛所行？云何是諸佛力？云何是諸佛無所畏？云何是諸佛三昧？云何是諸佛神通？云何是諸佛自在？云何是諸佛無能攝取？……云何是諸佛身光？云何是諸佛光明……。

雖然只是疑情念波，實則是個大哉問，因為佛的果德何其深廣浩瀚，即便是大海聚筆也無法書盡。若要追溯佛陀如何證得偉大果德的原因，則須侃談菩薩修行過程的五十二階位，而整部《華嚴經》七處九會的內容，也只是略說少分。

與會聖眾起了疑念，如來了然，聖眾不以言問，如來也不以言答，當下示現了五種瑞相。《華嚴經》在〈世主妙嚴品〉呈現佛的果德境界之後，緊接著的經文是如來示現五種瑞相的〈如來現相品〉。如來於菩提樹下現瑞相，彰顯佛陀證悟的果德境界超越時空，具足無量無盡的功德；亦表示佛於菩薩行的因地是普周法界。普周法界的因地修行，約可分為菩薩五十二階位。為了讓上根利器的現場大眾，無須經歷菩薩階位的一一漸修，如來於與會大眾欣樂佛境而大起疑情之時，現出五種瑞相，希望上根利器的大眾，當下頓證佛果菩提。

這五種瑞相烘托出如來未來說法的開端，而四十疑問則是《華嚴經》各品的緣起因由。

如來現相，五種祥瑞

如來現相的五種不言之教，首先、如來從面門眾齒之間放光，此光清澈透亮，映現嚴淨的華藏世界海，華藏世界海遠方的十方世界海之菩薩聖眾，在此光明的照耀下，頓然開覺，遙見娑婆世界佛陀成道的聖境，雲奔共赴菩提樹下，親近供養如來而欲聞法。

菩提樹下本已群聚了十方無量海會聖眾，如來放口光又遠召他方十方世界海的新眾來聽法，表示如來即將開示難得稀有的殊勝大法——佛果華嚴境界。華嚴境界廣大無邊，所以聞法者也不拘限於菩提樹下的請法聖眾，而是普攝他方十方世界海的一切有緣眾生。

其次，如來為了讓菩薩大眾證得無邊境界的神通力，從眉間白毫放出光芒，這是證得中道實相的表徵，具有不執於有、無二邊的果德證境。

之後，如來撼動了交相重疊的世界網，一一塵中出現無數尊佛，普雨妙法輪雲，顯示如來波羅蜜海。此時眉間光右遶如來數匝，倏忽進入佛足，意味著佛果境界要履佛所行，才能證入。

就在這時候，佛的師子座前忽然出現一朵大蓮華，潔淨馨香，美麗莊嚴，沒有一朵蓮華比得上它。也在同一瞬間，佛的白毫相中突然出現一位菩薩，名為一切法勝音，他與世界海微塵數諸菩薩眾俱時而出。從佛的白毫相出現聖眾，這是暗喻一切教法的根源，皆出自於佛的智慧海。

菩提樹下如來現相，其實一切世界海的菩提樹下，如來皆以神力示現佛陀成道、放光動地等的神變瑞相，正如一切法勝音菩薩代表所有菩薩眾而說的讚佛偈頌：

佛身充滿於法界，普現一切眾生前，隨緣赴感靡不周，而恒處此菩提座。如來一一毛孔中，一切剎塵諸佛坐，菩薩眾會共圍遶，演說普賢之勝行。

華嚴小百科

華嚴放光

佛說法前常會放光，利根者見了就開悟，不必等說法；鈍根者見了則能引發注意。《華嚴經》的放光很特殊，佛在七處九會說法前，從不同部位放光，分別是：面門齒間、眉間、足輪、足指、足上、膝輪、口等，古德認為這是「表因果次第：十信、十住、十行、十迴向、十地等位」。佛在不同部位的放光，分別對應了菩薩修行的階位，象徵佛從第二會足輪放光開始說的法門是由淺而深。

至於第一會，毘盧遮那佛為了讓眾生欣樂佛境界，因而如來現五種瑞相中之一種是佛於面門眾齒之間放光。面門，有三種說法：或指口，或指面顏，或指鼻下與口上之間。此品是指佛的口中齒間放光，是令與會大眾咀嚼如來法味、滋養法身、獲證成就。

普賢廣大功德海

——第三〈普賢三昧品〉

《華嚴經》在一開始的二品經文——〈世主妙嚴品〉和〈如來現相品〉，鋪敘了佛陀成道時，展現不可思議的玄妙神變境界。無以數計的海會聖眾，在佛陀證悟的巨大感召力量之下，進入了佛陀的神祕花園，並對莊嚴深玄的佛境界，欣樂而深信；但對如何證悟以及佛的境界等，起了四十疑念。為決聖眾的疑惑，開演難得稀有的甚深大法，如來放光現瑞，召喚遠及他方十方世界海無量無邊的菩薩神眾，雲奔至佛陀成道的菩提樹下；並令上根利器者，在如來放光現瑞中，心心相印，證悟如來境界。

雖說為決眾疑，即將開演大法；然而高廣深妙的佛境界，唯證相應，豈是言語所能道盡！是以如來不答，只以不言之教，以心印心。說法的重責大任，首先由繼承如來家業的長子普賢菩薩一肩挑起。普賢菩薩承佛神力，入於甚深三昧大定，契入佛境，彰顯佛境界的全體妙用，是為第三品〈普賢三昧品〉。

顯佛普德唯普賢

如來不說法，象徵佛境界是超越一切言語戲論分別；然而尚在妄想分別階段的眾生，若不以分別戲論的言教接引，永遠無法知曉、無從契入離戲論的佛境界。離戲論的佛境界不可言說，為了救度眾生，又需方便分別言說，若要暢明浩瀚如虛空的佛境界，唯有行願亦如虛空般廣大的普賢菩薩，最宜堪任，於是《華嚴經》直陳佛境界的第一齣超級大戲，第一場法會的說法法主，即是普賢菩薩。

為了演說如來甚深境界，與高廣深妙的佛境界相應，解答海會聖眾的疑難，普賢菩薩先入三昧大定。普賢菩薩承佛神力，入於諸佛果位如來藏性法身之三昧大定，名為「一切諸佛毘盧遮那如來藏身」三昧。依果位佛性而入之三昧，是遍入整個法界，在這三昧定境當中，萬法圓融，真空當中顯現妙有，妙有當體即是真空，法界萬相無不影現，廣大無礙，成就三世一切諸佛的智光明海。

感應道交難思議

入此三昧，十方三世一切盡虛空遍法界的微塵剎海中，一一佛前，皆有世界海微塵數的普賢菩薩，同時入此三昧大定。一一普賢之前，皆有佛力加持，不只一佛加持普賢菩薩，也不是百佛、千佛、萬佛、億佛加持普賢菩薩，而是十方一切諸佛、盡虛空遍法界的一切諸佛，共同加持普賢菩薩：

是時，十方諸佛，各舒右手，摩普賢菩薩頂。……如是，一切世界海，及彼世界海一一塵中，所有普賢，悉亦如是，為十方佛之所摩頂。

十方一切諸佛，為一一塵中所有普賢菩薩摩頂加持，並賦予「能入一切智性力智」。普賢菩薩之所以能入佛地果位上的三昧大定，蒙法界一切諸佛的加持，除了諸佛如來的本願誓力之外，主要是普賢菩薩已修持與一切諸佛相同的廣大行願力，才能感召十方一切諸佛共同加持，感應道交，成就普賢三昧。

一一塵中塵數境

普賢三昧是依佛性而周遍法界的三昧，所以此三昧能出生一切三昧法，當普賢菩薩出此三昧定境時，即從一切世界海微塵數三昧海門起。普賢菩薩從一切三昧門起，菩薩大眾皆蒙其益，各得世界海微塵數三昧海雲。普賢境界是遍一切世界海，所以一切世界海所有微塵的一一塵中，皆有普賢菩薩從三昧起，及菩薩大眾皆蒙其益的不思議境。

普賢菩薩出定之後，十方一切世界海微微震動，如來所有眾會道場降下大摩尼王雲，一切如來於毛孔中大放光明，光中讚歎普賢菩薩自在出入一切不可思議的境界，山河大地皆現普賢菩薩轉大法輪，一切菩薩眾也向普賢菩薩合掌瞻仰，在佛的神力加持之下，同聲讚頌普賢菩薩，並請普賢菩薩開示大法。

華嚴小百科

一真法界

唐憲宗曾問清涼國師澄觀：「何謂法界？」

澄觀回答：「法界就是一切有情與無情的本體，從本以來，靈明廓徹廣大虛寂，只有這一真實境界而已。無有形貌卻能展現森羅大千，無有邊際而能含容一切萬有，若非徹法的慧目、離念的明智，不能徹見自心具有如此之靈通。所以世尊初成正覺時歎曰：『奇哉！我今普見一切眾生具有如來智慧德相；但以妄想執著而不能證得。』於是稱法界性說《華嚴經》。」

在纏（煩惱）眾生只因不悟自己具有與佛和菩薩無二無別的真心；覺悟者心心作佛，以本具的真心性起，成一真法界，即是《華嚴經》所呈現的一真法界的全體內容。

佛海．眾生海．大悲行海

——第四〈世界成就品〉

佛陀成道時，巨大的證悟力量，感召了十方乃至他方世界海無量無邊的菩薩神眾，雲奔至菩提樹下，菩薩神眾親見佛陀神妙不可思議的境界之後，心生嚮往而有如何證悟佛境界等的四十疑念。普賢菩薩為解答大眾疑惑，承佛神力，入於甚深三昧大定，契入佛境。出定之後，一切菩薩神眾同聲讚頌並祈請普賢菩薩開示大法，普賢菩薩以佛神力觀察法界大海，深知佛境界極其深廣而難測，欲證悟者，非有浩如煙海的廣大心量不可，普賢菩薩為了打開發心菩薩的無窮視野，於第四品〈世界成就品〉開演不可思議的佛剎廣袤世界觀。

佛境難思、悲願無盡

覺行圓滿的佛陀果位，在未達佛境界的眾生心目中，或許會賦予綺麗的幻想而增添遙不可及的距離，於是神聖莊嚴的佛境界，往往被繆思為遠離染濁、高不可攀的玄妙聖境。為了破解此一迷思，普賢菩薩一開講，就語重心長地告訴與會菩薩神眾：發心菩薩若想證悟佛境界，首先必須了知，眾生世界即是佛國世界，沒有脫離眾生而孤立存在的佛國世界；眾生無盡，佛的大行願力，亦無窮盡：

十方剎海叵思議，佛無量劫皆嚴淨，為化眾生使成熟，出興一切諸國土。佛境甚深難可思，普示眾生令得入，其心樂小著諸有，不能通達佛所悟。……眾生廣大無有邊，如來一切皆護念，轉正法輪靡不至，毘盧遮那境界力。

佛的悲心深切，不願捨棄任何一位眾生，只要有眾生存在的地方，佛的行願亦必然充滿其中，世界重重，佛海重重，法界大海盡是佛境界，發心菩薩若無遍虛空、遍法界的汪洋心量，恐將無法進入佛境界。而這海量的心胸，是根源於不捨任何一位眾生的悲心所致。佛海的無限浩瀚，是因於悲海的無限深廣！

世界成就，終歸一心

雖說眾生世界無一不是佛土，但若要探究起世界成就的因緣，則有千差萬別，普賢菩薩略說十種因緣，統攝為四種：法爾如是、眾生業力、菩薩願力、如來神力。

世界之所以成就，有其法爾如是的本性，世間萬法都有成、住、壞、空的本性，世界的形成亦然，當因緣和合之時，它就成就了；當因緣毀壞之時，它就散滅了。然而，各個世界何以或成、或毀？或大、或小？或苦、或樂？或莊嚴、或染濁……。

普賢菩薩告訴發心菩薩：世界成就的一切現象，都取決於眾生。只要有世界形成，就有眾生安住，眾生業力各各不同，所感召依止的世界也就不同。眾生的業果有九界的不同：菩薩、聲聞、緣覺、六道眾生，各有各的業，各有各的感召，各有各的果，果又含因，因又結果，重重無盡：

菩薩修行諸願海，普隨眾生心所欲，眾生心行廣無邊，菩薩國土遍十方。……眾生煩惱所擾濁，分別欲樂非一相，隨心造業不思議，一切剎海斯成立。

……或有純淨或純染，或復染淨二俱雜，願海安立種種殊，住於眾生心想中。

若歸究起業力的根源，心才是最後的主宰，心能造業，也能轉業，一切剎土雖說是業力感召，實為眾生心念所成，淨心成就淨土，染心成就穢土。所以，世界如果是由染汙的眾生安住，世界海就會轉變成「染汙劫」；如果是由修廣大福德的眾生安住，世界海就會轉變成「染淨劫」；如果是由信解菩薩安住，世界海亦是轉變成「染淨劫」；如果是由發菩提心的無量眾生安住，世界海就會轉變成「純清淨劫」；如果十方一切世界海有菩薩雲集，世界海就會轉變成「無量大莊嚴劫」；如果諸佛世尊入涅槃，世界海就會轉變成「莊嚴滅劫」……。

世界海的染淨、大小、成毀、莊嚴與否，取決於心。若是諸佛菩薩安住的世界，必然清淨莊嚴；若是眾生安住的世界，端賴於眾生心行，所以諸佛菩薩以願力來到世界，就是為了轉變眾生心念，眾生嚴淨，國土才能得到嚴淨，才能成就廣大莊嚴的佛境界，這也就是普賢菩薩為何要讓發心菩薩了知世界成就的因緣：欲令菩薩成就清淨莊嚴的佛國世界而發菩提心，行菩薩道，廣度眾生，究竟圓滿佛果大海。

華嚴小百科

剎海

《華嚴經》處處可見「海」字，如：苦海、剎海、佛海、願海、世界海、功德海、眾生海、善根海、三昧海、大悲行海……，乃至形容佛境界是「海」印三昧。海，以其浩瀚無垠、千里廣袤，才足以略表佛境界的不可思議，不論是染、是淨，在華嚴境界都是以海量呈現，因為一切境相在佛境界之中，都是以其本自具足一切的無窮姿態呈現，所以《華嚴經》常用「海」字形容華嚴境界中的各種層面。

《華嚴經．世界成就品》：「佛如雲布在其中，十方剎海靡不充。」佛經常會出現「剎海微塵數」等詞彙，「剎」是梵文音譯，意譯為國土，一般所熟知的「佛剎」即佛土之意。剎海，則是指國土世界有如海量一般無以窮盡。

華藏世界海

——第五〈華藏世界品〉

在〈世界成就品〉中，普賢菩薩承佛神力，開演諸佛不可窮盡的世界海之後，與會的菩薩神眾因而更加了知宇宙之浩瀚、蒼穹之遼闊，亦更加體證了佛境界的寬廣無際和不可思議。在無法數盡的世界海中，每一個世界海都有與之有緣的佛菩薩聖眾，其中華藏世界海是我們娑婆眾生所處的世界海，這世界是毘盧遮那佛發願嚴淨的國土，所以普賢菩薩在〈世界成就品〉廣說諸佛無以窮盡的世界海及其成就的種種因緣之後，於〈華藏世界品〉特別舉華藏世界海為例，讓與會的菩薩神眾，了知自己所處的國土世界之成就因緣，進而發起成佛的大願大行。

華藏世界與娑婆世界

在不可數的廣大世界海當中，有一座世界海名為「華藏世界海」，而我們的娑婆世界就位在華藏世界海當中。至於華藏世界海的結構，必須先從一朵蓮華開始說起。

華藏世界海是在一朵大蓮華上面，這朵大蓮華是在香水海之上，而香水海是由無數風輪所攝持。這朵大蓮華含藏了不可說佛剎微塵數諸世界種，如天帝網，分布而住。世界種的「種」是同種類的意思，也就是具有同樣共業、或同樣願力所形成的世界，皆會聚集在同一個世界種當中。這朵大蓮「華」以其含「藏」不可說佛剎微塵數各種同類的世界，所以稱為華藏世界海。

這朵蓮華中的世界種有各種形狀、各種莊嚴、各種依住、各種體性，其中位於大蓮華中心的世界種，名為「普照十方熾然寶光明」，依住在名為「一切香摩尼王莊嚴」的大蓮華之上，由「無邊妙華光」的香水海所圍繞。這座世界種的外圍有十座世界種呈圓形環繞，這十座環繞的世界種，又各有十排的世界種，以輻射狀構成一百一十座世界網，圍繞著中央的普照十方熾然寶光明世界種。中央的普照十方熾然寶光明世界種有二十層，每一層都有一尊佛，教化該層境內的眾生。從最底層開始，第一層包含一佛剎微塵數三千大千世界，是淨眼離垢燈佛的教化區域；第二層有二佛剎微塵數三千大千世界，是師子光勝照佛的教化……，一直到最上層第二十層，有二十佛剎微塵數三千大千世界。我們的娑婆世界位於第十三層，包含十三佛剎微塵數三千大千世界，是毘盧遮那如來世尊發願教化的區域。

佛教的宇宙觀是由無數世界所構成，須彌山為小世界的中心，周圍有七香海、七金山，外面有鹹海，鹹海四周即四大部洲，共成小世界。一千個小世界稱為一小千世界，一千個小千世界稱為一中千世界，一千個中千世界為一大千世界，合小千、中千、大千總稱為三千大千世界，此即一佛之化境。

諸佛世界海之廣大，以地球做比較，將更清楚。地球是在娑婆世界中的一個小世界裡面，一般界定的娑婆世界是指三千大千世界，一個三千大千世界相當於十億個小世界，一個小世界是一個日月圍繞照耀之下的時空，日月照臨的範圍即是以須彌山為中心的四大洲，地球只是小世界中的四大洲之一的南贍部洲。而《華嚴經》

的娑婆世界有十三佛剎微塵數的三千大千世界，也就是說，就《華嚴經》來講，地球之小，只有娑婆世界的一百三十億佛剎微塵數分之一又四分之一。

至於娑婆世界在華藏世界海當中，又只是不可說佛剎微塵數諸世界種之一世界種中的一層；而華藏世界海在諸佛世界海當中，是不可說佛剎微塵數的世界海之一。諸佛世界海之廣大，在層層世界的對照之下，是人類無法計算、無法說明地廣大。有形相的佛剎世界海是如此廣大，何況是全性全相的佛海境界？遼闊無邊的佛海境界，即使是十地菩薩也難思量了知，何況是與會未證十地的菩薩神眾？所以，唯有諸佛長子的普賢菩薩，在不可說的諸佛加持力之下，才能略說少分！

華藏剎海、染淨無別

世界海之廣大，反觀渺小的眾生，拘限於雞毛蒜皮的小事，無怪乎出離不了輪迴！何其幸運的是，染濁的眾生形成的穢土娑婆，諸佛仍不捨棄，反而安置於清淨光明的華藏世界海中，諸佛悲願之廣大，由此品的全名〈華藏莊嚴嚴具世界海之遍清淨功德海光明品〉亦可得知，諸佛在因地時，是發了多大的悲願、修了多少的苦行，才能成就華藏世界海具足妙不可言的無量清淨功德。然而，娑婆穢土既在華藏世界海中，何以娑婆仍為穢土？

這是因為華藏世界海形成的因素有二：一是諸佛的悲願和苦行。諸佛的大願形成一股風輪，大悲成香水海，諸佛於因地修菩薩萬行而生無邊行華，故成華藏世界。二是眾生的妄想風形成風輪，如來藏識形成香水海，分別心和業力形成世界種。所以，諸佛的悲願和眾生的業力，形成了華藏世界，以其能含藏世出世間一切染淨果法，重疊無礙，故名為華藏。蓮華代表清淨，而世界種的差別相狀，則是顯示眾生的差別業力：

或有剎土中，險惡不平坦，由眾生煩惱，於彼如是見。

華藏世界海中相狀淨穢等的差別，是眾生分別心所致。就佛而言，世界是沒有差別，法界與佛是遍一切處，互攝互融，舉一塵而盡宇宙，全法界可以收在一一的現象之中；而一一現象，又都圓俱全法界，所以，不論是佛與眾生，皆在華藏世界海沒有分別的一真法界：

華藏世界所有塵，一一塵中見法界，寶光現佛如雲集，此是如來剎自在。

因此，華藏世界海不是一相孤門的淨土，而是主伴具足，通於因陀羅網的重重佛剎。就佛而言，是圓融的世界；就眾生而言，有種種差別的世界。總之，華藏世界是唯一心所現。

華嚴小百科

因陀羅網

因陀羅網是忉利天王帝釋天宮用來裝飾的寶網，又叫天帝網、帝網。此網每一結都綴有一顆寶珠，有無量寶珠綴飾其上，一一寶珠皆映現其他一切寶珠之影，一一影中又映現一切寶珠之影，所有寶珠因此無限交錯輝映，重重影現，無盡復無盡。

《華嚴經》以因陀羅網譬喻萬法之間具有一與多之相即相入、重重無盡的關係，說明佛境界中，萬法事事無礙的圓融境界。華藏世界海中世界種的布列關係，即如因陀羅網，攝入重重，無盡復無盡，華藏世界海雖為世界海中之一剎海，然而華嚴境界中，一剎即一切剎，剎剎皆為佛剎境界。

毘盧遮那佛的本生故事

——第六〈毘盧遮那品〉

第一會的與會聖眾，了知自己所居住的華藏世界海是如此浩瀚廣大而又染淨無別之後，普賢菩薩進而宣說華藏世界海成就的因緣，是源於毘盧遮那佛於曠劫修因，嚴淨而成就的。毘盧遮那佛在因地修行時，最初的因緣是前生為大威光太子之時，親見如來而發心修學佛法。〈毘盧遮那品〉中，普賢菩薩即以大威光太子依次依止如來的本生故事做為主要線索，展開說法。

前世修道的最初因緣

無量劫前的古世，勝音世界的須彌山上，有座名為摩尼華枝輪的廣大樹林，此林四周有百萬億座的城市圍繞，城中居民極具福報，除了國土莊嚴之外，神通道力彷彿是天人，心有所欲，應念皆至。以其福報之大，加之善念、善行，感應佛菩薩出現世間，在最初劫中就有無量無邊如來出興於世，每尊佛將出世的一百年前，摩尼華枝輪林就會變得清淨無比，各種祥雲散布林間，發出讚歎佛功德的美妙音聲，光芒萬丈，現出種種莊嚴之相。

勝音世界裡的各國國王，見到摩尼華枝輪林出現的各種祥瑞，善根隨之成熟，亟欲求見如來，這時林中忽然湧出一朵莊嚴的大蓮華，第一尊佛安坐其上，名為一切功德山須彌勝雲佛。勝音世界有六十八千億須彌山，於山頂上同時皆見如來出現，眉間放大光明，各國國王和眷屬蒙佛光照耀，有所開覺。其中喜見善慧國王的王子大威光，因為過去生的善根力，一見佛光即證十種法門，心生歡喜，讚頌如來，以佛神力，音聲遍及勝音世界。如來為大眾宣說各種經典，大威光太子獲證各種智慧光明，並能顯示如來往昔修行情形。

第二尊波羅蜜善眼莊嚴王佛出世，大威光太子見佛成等正覺，現神通力，當下證得念佛三昧、四無量心、大智力法淵陀羅尼、般若波羅蜜、神通、辯才等十千法門。大威光太子承佛神力讚頌如來，音聲遍及一切世界，並勸請眷屬發菩提心、慈憫眾生，安住於普賢的廣大願海之中，堅固誓願，勤修妙行，以能成就佛果。

波羅蜜善眼莊嚴王如來入涅槃之後，喜見善慧王相繼去世，大威光太子繼承轉輪王位。

第三尊最勝功德海佛出現於世，大威光王見如來成佛之相，併其眷屬及所有人民，共持七寶來到佛所，禮拜最勝功德海佛，如來說菩薩普眼光明行修多羅，及無量相關之修多羅，大威光王聞法，即得大福德普光明三昧，如來讚頌大威光王為一切眾生發大悲心，修普賢願，作普賢行，必能入不思議諸佛大海。

第四尊名稱普聞蓮華眼幢佛出世，這時，大威光王命終，生須彌山上天城中，為大天王，與天神眾同詣摩尼華枝輪這座樹林，如來為說廣大方便普門遍照修多羅，及無量相關之修多羅，天王神眾證得普門歡喜藏三昧，以三昧力能入一切法的實相大海。

諸佛皆號毘盧遮那

〈毘盧遮那品〉略舉了毘盧遮那佛過去生中，值遇四佛出世而修學佛法的因緣。這四佛，乃至無量諸佛，就世間相來看，雖然各有各的名號，千差萬別；但總的來說，皆為毘盧遮那。毘，是種種的意思；盧遮那，是遍照的意思；種種的光明遍照就是毘盧遮那。所以，能以大智慧光明，施設種種教行之光，破除眾生的業暗，就號之為「毘盧遮那」，這是佛的德號，也是一切佛的根本名號，只要能以智慧之光破暗啟明，證入法身境界，即是毘盧遮那法身佛，古德云：「十方三世佛，同共一法身。」盡虛空、遍法界都是毘盧遮那佛，古佛今佛，非一非異。古今諸佛之所以名號繁多，是隨世間眾生之感，佛就有應，佛應的身相不一樣，名號也就不一樣，實為同一法身。

信分的全部內容，到此品終結。第一〈世主妙嚴品〉和第二〈如來現相品〉，主要是要培養善根，有善根才能深信佛果不可思議的廣大境界，而善根須通過止惡行善才得實現，所以偏向戒學而言。第三〈普賢三昧品〉，傾向定學而言。第四

〈世界成就品〉、第五〈華藏世界品〉和本品〈毘盧遮那品〉，主要是側重慧學而言，尤其本品說明了成佛的本因，但只點出發菩提心這基源的第一步。前五品是說毘盧遮那佛依、正的果，這一品則說明成就華藏世界的因。古今毘盧遮那佛同居華藏世界，所謂三世諸佛，佛佛道同，因果無別。

華嚴小百科

毘盧遮那佛

《華嚴經》的教主是毘盧遮那佛，梵文Vairocana，「毘」是遍，「盧遮那」是光明朗照，意譯為遍一切處、光明遍照、淨滿。世間的太陽照亮一面就照不到另一面，而毘盧遮那佛的智慧之光不受內外、方所、晝夜的限制。《華嚴經》處處都有光明赫奕的景象，這說明佛境界是光明遍照的境界。

一般我們說毘盧遮那佛是清淨法身佛，但就《華嚴經》和華嚴宗來說，毘盧遮那佛是法、報、化三身同時具足的圓滿佛，更準確地來說，是十身圓滿佛。唯有清淨圓滿、智光遍照的毘盧遮那佛，才能彰顯廣大光明、周遍一切之佛境界的《華嚴經》，所以《華嚴經》的教主是為毘盧遮那佛。

〈第二部〉

解

想要成就真善美聖的佛境界，
必須修持相應的法門，
首先要建立的是正確的觀念，
因為有正確的見解，才會有正確的判斷和選擇。

第二會

在人間普光明殿舉行的第二場法會，
由絕妙智者文殊菩薩為會主，
和九位上首菩薩展開精彩的問答：
破除錯謬之見，提揭宇宙真理，說十信法門。

從萬德洪名起修
——第七〈如來名號品〉

《華嚴經》第一場法會的六品經中，展示了毘盧遮那佛莊嚴神妙的依、正果報，參與法會的聖眾對佛果境界因而生起無比欽仰的信心。「果」信了，從第二場法會開始，一直到第七場法會，依序分別解說菩薩修行的法門——十信、十住、十行、十迴向、十地、等妙覺，讓與會的聖眾了知，成就果德的「因」，亦即修行證入佛境界的方法。第二場法會是講十信法門，在第二會的六品經中，首先登場的是〈如來名號品〉。

信心的起點——念佛名號

第一場和第二場的法會，雖然都以「信」為核心而展開的盛會，但是第一場法會重在讓參與者親見佛果聖境，興發好樂嚮往的信心；而第二場法會則重在解說起信的方法、信心的意義和功德等。所以，在第一場法會當中，如來以種種瑞相撼動聖眾，使之起信；並由佛長子普賢菩薩入定後，在佛的加持力下，以境界型態呈現佛果大海。而第二場法會的菩薩聖眾，雖也有不言的疑念，但是由智慧第一的文殊菩薩，以名言論理的方式，未入定而直就十信法門予以解說和答覆。

一般眾生信佛，對所信的境界一無所知，能信的自己也是迷迷糊糊，能、所都迷，也就很難契入佛菩薩的境界。迷惑煩惱的凡夫眾生，如何趣入佛道？《華嚴經》解門第一品是〈如來名號品〉，十信法門一開講，就講如來名號，意味著修行證果的方法，是以信心為起點，而培養信心的最佳入路，是念佛名號。

佛的名號雖然千差萬別，不過也是平等的。譬如：釋迦牟尼佛不是阿彌陀佛，阿彌陀佛不是藥師佛，這是差別；但是一切諸佛都稱為如來，十號是平等的。每尊佛的別名不同，因為名字有意義，意義是象徵德行，以名昭德，名號當中涵蓋萬德，所以眾生念一句萬德洪名，都具有無量功德，這是佛菩薩的願力、加持力，也是法界體性本來的性德。

據現代科學研究，在水的容器上，貼上與善有關的文字標籤，水會形成非常美麗的結晶；如果貼上與惡有關的文字標籤，水的結晶會扭曲混亂。文字名相不止是客觀的中性符號而已，而是具有足以改變內在質地的影響力。善美的文字名相，都具有改變磁場的作用，何況是承載著諸佛菩薩無量悲心、願力和加持力的如來名號！其正面能量之強大，是契入佛道最殊勝迅捷的法門。

我願無窮，名號亦無窮

小乘所知道的如來名號，大體僅止於娑婆世界的德號；但在法界大海中，一一尊佛皆具有等法界、眾生界的隨緣名號。佛成正覺，也就成就了無量的功德，所以每一尊佛都具有無量的威德名號。佛的名號代表佛的法身、報身、化身、智慧身，佛的智慧身是遍周法界，佛在十方世界，應眾生根機而有無量名號，眾生無量，佛的名號也就無量，所以佛的名號等同眾生界。佛的名號依眾生而立，眾生業無盡，佛的名號也是無以窮盡。

華嚴海會上，文殊菩薩將十方世界佛如星辰羅列般燦爛的德號，一一展開，猶如廣大天空中布滿了閃耀的群星，照亮眾生晦暗的心地。我們念一佛名，就和無量閃耀的諸佛光明相連接，不僅點亮自己的一盞心燈，同時亦如因陀羅網般燈燈相映，交光互攝，遍周法界，所以《華嚴經》將如來名號，總攝為光明遍照的「毘盧遮那佛」。信佛、念佛名號，不是執持在名號法相上的念誦，而是要穿透單一名號的表象，徹入法界體性，直達清淨光明的法性，連接因陀羅網交織互攝的無量諸佛，這樣才能契入廣大無量的華嚴法界。

信佛是自心

華嚴四祖澄觀大師在這一品中談到：「信何法門？信佛身名，等於眾生，則知我名如佛名也。」十信法門是從信佛身、信佛名為起點，但是更進而要「信佛身名，等同眾生」，乃至於「知我名如佛名也」。何以故？

如來名號是依眾生而立，凡是因緣所生法，必然有生有滅，當體性空，所以如來與眾生的名號，在法相上雖然不一樣，但是在法性上是平等圓融的。眾生雖為煩惱執著所覆蓋，但都是未來佛，同樣具有與佛一樣清淨光明的本性，所以信佛、念佛名號，要反觀自心，相信自己具足與佛名號一樣的性德，不假外求，如果心外見法，信心成就不了。信自心佛名號，是證入華嚴佛境界的根本自信，這種信心能生起力量，朝向佛境界，勇往直前！

華嚴小百科

文殊菩薩

文殊菩薩舊稱「文殊師利」，新稱「曼殊室利」。文殊或曼殊，是妙之義；師利或室利，是頭、德、吉祥之義。而文殊在《大日經》稱為「妙吉祥」，則是意譯。文殊菩薩智慧第一，頂結五髻，表大日之五智；手持劍，表智慧之利劍；駕獅子，表智慧之威猛。《法華義疏》曰：「文殊此言妙德。以了了見於佛性故，德無不圓，累無不盡，稱妙德也。」

圓淨法身毘盧遮那佛及文殊、普賢，稱「華嚴三聖」。普賢菩薩得三昧自在，主一切佛的理德、行德；與般若自在文殊菩薩的智德、證德相對。文殊菩薩駕獅子，侍佛左方；普賢菩薩乘白象，侍佛右方；普賢在右，文殊在左，本當右智、左理，今違之，表示理智融通之義。所以，毘盧遮那佛在中，亦表示理智合一，行證相應，般若與三昧相即。

由世間到出世間

——第八〈四聖諦品〉

佛陀證悟之後，為眾生說法四十九年，是要教導眾生什麼？不僅是釋迦牟尼佛，十方三世一切諸佛如來，為遍法界虛空界一切眾生，廣說八萬四千法門，是說了什麼法？這也是參與華嚴聖會的菩薩神眾們，對「佛演說海」的內容，所欲探究和了解的疑問。

如海量般的如來教法，若要一一解說，是何等之難事！在《華嚴經》第二會中，佛令智慧第一的文殊菩薩解答此一大哉問，於第八品〈四聖諦品〉當中，文殊菩薩從總綱領、總原則，回答了佛演說海的旨義。

萬法不離因果

〈四聖諦品〉，顧名思義，此品在闡釋四諦。大海般無盡的如來教法、菩薩神眾希求甚深難思的「佛演說海」，文殊菩薩何以僅以四諦作答？

再高妙、再深奧的佛法，皆不離開因果，佛菩薩所教的法，就是因果法。《華嚴經》講「五周因果」，《法華經》講「一乘因果」，離開因果，佛菩薩就沒有法可說了。而因果展開來說，即是四諦，一切世間的因果，不離苦、集二諦；一切出世間的因果，不離滅、道二諦。世出世間的一切教法，皆不離開這兩重因果，四諦統攝了一切世出世間的理則，所以文殊菩薩以四諦的諦理攝受一切教法，總答「佛演說海」的內容。

文殊菩薩雖以四諦作答，不過，四諦在文殊菩薩極廣大而盡精微的解說之下，即淺即深，華嚴四祖澄觀大師以天台宗藏、通、別、圓安立四種四諦：生滅四諦、無生四諦、無量四諦、無作四諦，解說文殊菩薩所答的四諦深義。

生滅四諦

小乘聖者用析空觀，諦審苦、集、道這三諦，是依因緣而有真實的生滅，是有相的；唯有斷滅一切煩惱、證得涅槃寂靜的滅諦，是真實的滅法，是無相的。輪迴的痛苦真真切切、宛然歷歷，因而小乘聖者厭離生死輪迴的痛苦，欣求涅槃的寂靜之樂，這是分別生和滅、有和無的四諦，稱為藏教的生滅四諦。

無生四諦

大乘講四諦皆是無相，以般若空慧觀照苦、集、道三諦，如幻如化，當體即空，無真實的生滅，所謂的苦，也是空無自性，了悟空性的聖者，不再被苦所逼迫，緣生諸法都是空，因此苦無逼迫相、集無和合相、滅無生滅相，道是不二相，稱為無生四諦。通教的無生四諦，是以般若空慧觀照萬法當體即空，通於一切佛法的教說。

無量四諦

別教無量四諦，是佛菩薩無量視野所照見的四諦實相，有別於一般四諦的特有教說。眾生的苦諦有無量相，因為眾生的煩惱千差萬別，所以集諦也有無量相，而菩薩為了救度無量無邊的眾生，施設的道、滅二諦因而也有無量相。文殊菩薩列舉一個世界，說明其中就有四百億十千個名義的四諦，譬如娑婆世界的苦聖諦：「或名罪，或名逼迫，或名變異，或名攀緣，或名聚，或名刺，或名依根，或名虛誑，或名癰瘡處，或名愚夫行。……此娑婆世界說四聖諦，有如是等四百億十千名；隨眾生心，悉令調伏。」其中所包含的性相義理非常之多，具足四種四諦的一切內容。而十方世界的每個世界皆是如此，苦聖諦有百億萬種名，苦集聖諦、苦滅聖諦、苦滅道聖諦亦各有百億萬種名義，都是菩薩為調伏教化眾生，隨眾生心之所樂而方便施設的四諦。文殊菩薩將四諦的無量義呈現出來，以此彰顯「佛演說海」的廣大浩瀚。

無作四諦

四諦不僅是空無自性，隨眾生因緣而能廣開無量諦理，而且四諦當體即是菩提，苦諦無苦可捨，集諦無集可斷，滅諦無滅可證，道諦無道可修，此為圓教的無作四諦，也是文殊菩薩開示四諦最真實、究竟、了義的內容，就如文殊菩薩云：「苦滅聖諦，此娑婆世界中，或名無諍，或名離塵，或名寂靜，或名無相，或名無沒，或名無自性，或名無障礙，或名滅，或名體真實，或名住自性。」無作四諦與無生四諦是不同的，無生四諦以空無自性而言無苦、集、滅、道，而無作四諦則是從佛性本體而言無苦、集、滅、道。

《華嚴經》是闡釋佛境界的經典，一切萬法在佛性大海中皆是稱性而起，因此，在佛境界中，苦諦無苦可捨，不是因為空的原因，而是因為苦的當體即如，如外無苦，何苦可捨！集諦的無明塵勞皆是菩提，菩提體外無別可斷，不是無生而空無可斷，而是波即是水，不得除波。滅諦亦然，不是體空而無生滅，而是生死即涅槃，無滅可證。道諦亦如是，不是離邊邪之外別有中道，亦不是無邊無邪而無可修；而是一切邊邪皆中正，一切萬法皆是一真法界。

無苦無集，即無世間；無滅無道，即無出世間；不取不捨，是同一實諦。以此而言四諦，文殊菩薩將四諦法義的有作無作，有量無量，一一道盡。

三乘的四種聖諦，各有各的差別，各有各的信解不同，如來依眾生的根器，方便善巧而設施無量四諦，無非是讓眾生起信樂佛法的心。從觀照自他一切的苦難而發菩提心，欣樂求佛的教法。

華嚴小百科

十信

凡夫發心修行，須經十信、十住、十行、十迴向、十地、等妙覺等五十二階位的菩薩修行，歷三大阿僧祇劫，才能次第圓滿佛道的修證。菩薩五十二階位當中，初發大菩提心時，亦即第一大阿僧祇劫，應修十種心，屬十信階位。

此十種心以信為主，其餘九種心皆為信心所引，全稱十信心，略稱十心：

（一）信心：一心決定，樂欲成就。
（二）精進心：策勵三業，離於懈怠。
（三）念心：憶念三寶，明記不忘。
（四）慧心：簡擇邪正，不起惡見。
（五）定心：心能湛寂，離於散亂。
（六）施心：等施財法，離於慳貪。
（七）戒心：受持律儀，三業無犯。
（八）護法心：防護己心，不起煩惱。
（九）願心：隨時修習，種種淨願。
（十）迴向心：所修善根，迴向菩提及眾生。

啟動自性的光明

——第九〈光明覺品〉

第二場法會一開始的三品經文，法會會主文殊菩薩，分別解說如來身、語、意的果德：〈如來名號品〉廣說無量世界如來「身」的種種名號；〈四聖諦品〉則論述如來「語」言教化的種種諦理；而在〈光明覺品〉當中，如來先放身光，以心「意」之光感通菩薩聖眾，令無量世界的文殊菩薩，也以感性的智光，紛紛讚頌起如來的不思議境。

自覺覺他大光明

光明，對凡夫眾生而言，是客觀環境的存在，來自於大自然的日月光芒，或是人為的燈燭之光，沒有這些光明，人類就陷入黑暗之中。但對佛菩薩而言，光明，是自性的性德，釋迦牟尼佛在菩提樹下成等正覺，凡夫看到的，只是一位僧人在菩提樹下打坐，殊不知他在定中大放身光，三七日中，展開華嚴大法會！身光，凡夫不識不知，法身大士能感能知；但是《華嚴經》所講的如來光明，不是高不可攀的佛菩薩才具有的性德，而是一切眾生都具有這自性的光明，只因迷失在黑暗無明的煩惱之中，不見、不現自身之光！

眾生在黑暗中輪轉之久，習以為常，不以為自己身處於黑暗之中，甚至癡愛黑暗中自以為的幸福；只有當燦爛的光明照入這幽暗的方所之時，才會猛然醒覺——自己在黑夜中流浪了累生累劫。瀕死經驗的人在重生之後，往往有著巨大的轉變，因為他們經歷了大光明的淨化。在大光明中，一生的經歷像是電影般快速地播放，他們再次經歷一生的悲歡離合，旁觀自己為權力、名聲、金錢、情色等而喪心病狂；或是膠著在負面的情緒和思想當中，走不出憂鬱的灰色漩渦。但是，再次的經歷，他們不再陷溺於愛恨情仇之中，反而像是一位智慧的長者，慈愛地觀看人生作繭自縛的癡心歲月，因為光明的正向力量，讓他們的心明亮了、溫暖了，曾經受到的心靈傷痛，在大光明的撫慰之下療癒了；光明，融化了心靈深處的黑暗；光明，讓他們原諒了傷害他們的人；光明，也讓他們原諒了自己；光明，讓他們覺悟！

眾生雖有自性的光明，但是眾生難以啟動自己內在的光明，始終被無明駕馭著。在黑暗的泥沼中，只有佛光才能啟動內在的光明。佛菩薩的身光，凡夫感受不到；但是佛菩薩的教法智光，同樣能照破眾生無明愚癡的黑暗。佛菩薩的光明，不僅光亮自己，更要點亮眾生的心燈，此亦為〈光明覺品〉以大光明自覺覺他的宗旨：

意淨光明者，所行無染著，智眼靡不周，廣大利眾生。

足輪放光無有盡

於第一場法會，世尊放眉間之光，照十方無盡世界之後，此光還入佛足，於第二場法會，世尊從兩足輪下放百億光明，照三千大千世界。這是如來以果地之光，斷眾生疑念而令生信，入解分深信大海，表示信該果海。解分信位雖為佛足最卑微處，但為修行根本，深信並修果體，終成佛果。

百億閻浮提中，百億如來皆坐於蓮華藏師子之座，十佛剎微塵數菩薩所共圍繞。在佛神力的加持之下，十方各有十佛剎微塵數諸菩薩聖眾來詣佛所。一切處的文殊師利菩薩，各於佛所，同時發聲，讚頌世尊。

世尊的足輪光明，往東方又遍照十佛國土，繼而南、西、北方，四維、上、下，佛光如輪轉般形成一大圓形光明網。佛光照十重，光召十方十重菩薩，每一重世界都有文殊菩薩依佛光說法，於各佛所同時發聲。

足輪光明又射向十世界、百世界、千世界、十千世界、一億世界、十億世界，遍照東方百億世界、千億世界、百千億世界、那由他億世界、百那由他億世界、千那由他億世界、百千那由他億世界，如是無數無量、無邊無等、不可數、不可稱、不可思、不可量、不可說，盡法界、虛空界、所有世界；南、西、北方，四維、上、下，都有如來坐於蓮華藏師子座上，十佛剎微塵數菩薩所共圍繞，無盡世界有無盡如來從足輪放光，光光相攝，交織成無盡法界的大光明網，無盡世界在交光互射的佛光中閃耀著。無盡世界的每一尊佛前，都有一尊文殊菩薩，百億佛就有百億文殊菩薩，一切處文殊菩薩各於佛所，同時發聲，讚頌世尊。

《華嚴經》每一場法會都是驚人的空間廣度，而且萬法相通互融，非孤立隔絕，佛境界的廣大無礙、重重無盡，令參與華嚴盛會的菩薩聖眾各個驚豔。在佛光照耀的漸次增廣中，菩薩聖眾隨光之散射，信心漸勝，終令起信者的心量開廣無盡。然而隨光遍觀無盡法界，卻見唯有能觀的心在。迴觀能觀的心，亦無內外，內外無礙，方入十住初心。

華嚴小百科

一即一切

〈光明覺品〉中，文殊菩薩有首偈贊：「一中解無量，無量中解一；了彼互生起，當成無所畏。」這是華嚴宗常說的「一即一切，一切即一」的觀點。這首偈語是說，若能在任一存在物中體會到無量的存在，也能了知無量皆攝收於任一存在物之中，一與無量，無量與一，是互相生起，萬法的關係是通透的，則可在法界中緣起無障礙，自在豁達，無所畏懼。

反之，若是分別對立萬事萬物的個別不同，執著固守自我唯一的本位，則無法與萬法相滲相容，無法廣大含攝其他一切，斷絕了緣起，患得患失，內心憂懼。所以，超出自己的本位，攝與入變成相互的關係，互攝相涵，契合無間，法界一切皆為我所用，我也為法界所用，互為法界緣起，即是華嚴「一即一切，一切即一」的佛境界。

斷疑生智信

——第十〈菩薩問明品〉

成佛之道的首要條件，就是信心，但是在修學過程中，如何對佛法深深不疑地相信？很多人信佛，是感性的信仰，並非智信，道理不明，一旦有人質疑起來，不僅自己辯論不過，信心也隨之瓦解。

第二場法會是解說十信法門，為了讓大眾建立智信，在〈菩薩問明品〉，慧黠的文殊菩薩向九位菩薩分別提出尖銳的難題，挑戰佛法真諦與現象界既矛盾又弔詭的問題，九位菩薩也向文殊菩薩問難，展開十場精彩絕倫的激烈論辯，欲令大眾斷疑生信！

性空緣起

此品一開始，文殊菩薩就問覺首菩薩：

心性是一。云何見有種種差別？所謂：往善趣、惡趣；諸根滿、缺；……業不知心，心不知業；受不知報，報不知受；心不知受，受不知心；因不知緣，緣不知因；智不知境，境不知智。

佛法說，「心、佛、眾生，三無差別」，但事實上，我們看到眾生不僅與佛有著天壤之別，而且眾生各個不同，或者長相端正、或者長相醜陋，或者受著痛苦、或著享受快樂……，既然「心性是一」，萬法又是唯心所現，為何同樣心性所現的眾生現象，卻是千差萬別？

文殊菩薩和九位菩薩相互問難的十問，皆是佛法甚深的道理，古德判分這十問為十種甚深：1.緣起甚深。2.教化甚深。3.業果甚深。4.說法甚深。5.福田甚深。

6.正教甚深。7.正行甚深。8.正助甚深。9.一道甚深。10.佛境甚深。

十種甚深當中，尤以第一緣起深理，總該一切萬法，所以列為第一。

現象界的千差萬別，和心性理體的唯一無二，是極端背反卻又不可分割地相連相攝。世間的一切現象，小至為什麼有人富貴榮華？有人貧賤卑微？大至生命的起源？宇宙的起源？種種現象界的差別原因和根源問題，若要追索起來，都是不可思議的甚深答案。難以思議的差別答案，可以總攝為「緣起」。

緣起，是很深很深的道理，緣起的理事都是無盡的甚深。一切萬法都是隨緣而生，若無因緣，不能生起；有著什麼因緣，就生起什麼法。若要追根究柢這因緣的源頭，即使追溯到無量劫前，依舊可以無始地溯源，最終依然得不到一個滿意的答案，因為因緣的聚散不定，無恆常實有性，它們的本質是空，所以古德說「緣起甚深」，這因緣的生起，真是甚深難知！萬法都是緣起無有自性，所以覺首菩薩以各種譬喻答辯文殊菩薩，其中說道：

又如長風起，遇物咸鼓扇，各各不相知，諸法亦如是。……眼耳鼻舌身，心意諸情根，以此常流轉，而無能轉者。

因和緣，只要有機會聚合，種種千差萬別的現象，都可能產生，就像突然吹來一陣風，任何可被拂動的東西，都會被鼓扇起來，但是風和被吹拂的東西，都是瞬間緣起，說來就來，說走就走，這就是世間現象的真實樣貌。

然而，眾生不能穿透因緣聚散不定的性空本質，反而膠著在因緣聚合的現象上，眼、耳、鼻、舌、身等五識，對喜歡的現象起貪念、討厭的現象起瞋心，愛恨情根、五毒煩惱反覆染著，於是流轉輪迴不斷！

既然一切緣起的本質，實為性空，那是誰在貪愛？誰在輪迴？誰在受報？

緣起甚深

覺首菩薩繼而答辯：

眼耳鼻舌身，心意諸情根，一切空無性，妄心分別有。

一切萬法空無自性，萬法的緣起聚散，就其根源來說，是因人的念頭而生起的。眾生的妄心分別，產生千差萬別的現象，「一切法從心想生」，《華嚴經》講整個宇宙是「唯心所現，唯識所變」，就心性本體而言，沒有人在輪迴，也沒有人在受報。但就妄心而言，執著讓一切變成實在，於是有了眾生在輪迴，有了眾生在受報，業力不斷牽連著，這一生的一切作為又牽涉到來生，因果纏綿不休！

但當了悟因緣聚散、空無自性的時候，覺來空空無大千，一切都是妄心幻化的一場大夢。心，是一切緣起的根源。妄心染著，緣起一切皆濁，是染濁眾生的業惑緣起，輪迴流轉，生死不斷；真心清淨，緣起一切皆淨，則是佛國淨土的法界緣起，隨緣幻化，度眾不息。

十信菩薩問而啟明

〈菩薩問明品〉中，相互問答的十位菩薩是寄位初信到十信的菩薩，其中九位菩薩的名號都有「首」字，因為修行是以信心為首，沒有信心，還是門外漢；有了信心，才算入了佛門。所以由九首菩薩暢談十信法門，分別是：勤首菩薩表進心，財首菩薩表念心，德首菩薩表定心，智首菩薩表慧心，法首菩薩表不退心，寶首菩薩表戒心，覺首菩薩表護法心，目首菩薩表願心，賢首菩薩表迴向心。除了九首菩薩之外，另一位是文殊菩薩，表信心。從信心到迴向心，十心都圓滿，才能成就究竟信心，達到「信不退」。

一般以為，信心是修行中最簡單的事情，甚至被知識分子鄙視，認為信仰宗教是愚夫愚婦的行為。這是未深入探討：佛法為什麼值得相信？文殊菩薩為了讓難以起信的法行人斷疑生信，乃至讓大眾在信心的十個次第上都能圓滿，於〈菩薩問明品〉中，探討宇宙、心性、理論與實踐等複雜又深奧的人生課題，通篇充滿了問題意識，令難信難入者隨著文殊菩薩高難度的質詢，與九首菩薩睿智的答辯中，思惟十種甚深，化解迷執、建立智信。當十種信心都圓滿具足，凡夫即由在纏眾生躍入菩薩階位，即登初住位的法身大士，乃為入佛境界的真修行人了，所以信心是轉凡成聖的關鍵。

這十種甚深當中，九首菩薩所答，或是他們反問文殊菩薩的問題，都是現象界的複雜因緣；而文殊菩薩則從超越界的平等境界，質疑一切複雜的差別現象，最後收攝一切差別境界入佛境界。所以十位菩薩的論戰，是差別因緣和平等境界的辯論，尤以第一問「緣起甚深」，統攝其他。前已就「緣起甚深」詳述現象界與超越界的矛盾關係，之後九問不再詳述，僅略做說明。

第二至第九問

第二、教化甚深。文殊菩薩問：既然一切眾生非眾生，如來何須隨時、隨命而現身，教化調伏眾生？難道是如來未見眾生非眾生？財首菩薩答：如來正是因為見眾生非眾生，所以能如夢如幻地進行深觀和化現，依眾生根器、因緣而適時、適才、適性地教化各類眾生。

第三、業果甚深。文殊菩薩問：佛法說：一切眾生都是四大假合，都是無我、無我所。既然無我、無我所，那是誰在造業？誰在受苦？寶首菩薩答：佛法非斷滅空，雖然一切眾生都是四大和合，究竟都是人、法二無我，但是因果不爽，業果不亡，這是天地之間顛撲不破的真理。而且業報是因緣和合而生起，並非我能主宰，只要迷而不覺，就會起惑造業，這時才有一個所謂受報的「我」，這個「我」，也只是暫起幻有的受報主體，豈有一個永恆不變、都在受報的「我」！

第四、說法甚深。文殊菩薩問：如來悟到的宇宙真理，只有一法，為何如來對眾生卻說無量諸法，現無量佛剎？難道如來所傳授的無量的教法，不是他所證的一味境界？德首菩薩答：如來所證的境界雖是平等一味，但是眾生的根性千差萬別，所以並非如來所證與教法相違。而且如來所證得的一味境界乃無礙法界，一法與無量法皆含具其中，一多無礙。

第五、福田甚深。文殊菩薩問：如來福田等一無異，植福的功德應是平等如一。為什麼眾生在布施之後，果報會有不同？目首菩薩答：這不是如來的福田有大小差別，而是因為眾生的根器有大小不同，布施的起心動念也不一樣，所以果報會有差異。

第六、正教甚深。文殊菩薩問：佛教的教法都是為了斷煩惱、究竟成佛，為什麼有些眾生聽聞、學習之後，仍就無法斷除煩惱而得出離？依然無明貪愛，與未學佛前也沒有差別？勤首菩薩答：佛法的教法雖然都能斷煩惱、證涅槃，但是眾生的修行有精進、有懶惰，有障輕、有障重，有機緣成熟、有根基尚淺，種種差別，所以學習之後，未必都能出離煩惱。

第七、正行甚深。文殊菩薩問：佛說眾生只要受持正法，都能斷除一切煩惱，為什麼眾生依然貪、瞋、癡煩惱不斷？是佛法的教理無助於修行斷惑嗎？法首菩薩答：佛法是藥，但要眾生肯服；若不服用，藥效再強也枉然。

第八、正助甚深。文殊菩薩問：於佛法中，般若最為第一，可是如來也讚歎布施，也讚歎持戒，也讚歎其他一切菩薩行。如果其他助行也能成佛，這不是違背般若最為第一的說法嗎？智首菩薩答：般若雖為上首，但是菩薩萬行皆能成就般若；而且般若具足一切行，讚歎般若，即是讚歎一切法；讚歎一切法，即是讚歎般若。

第九、一道甚深。文殊菩薩問：諸佛世尊唯以觀修心性而得出離，既然成佛之因是一，為什麼不同佛土的眾生、壽量、光明、神通、眾會等的諸佛果德，各有不同，難道諸佛成佛之因非一，所以諸佛證得之果各異？抑或是因一而果異？如果是這樣，豈不是因果相違？

賢首菩薩答：諸佛成就之因是相同的，而且諸佛證得之果也是相同的，諸佛果德之所以呈現千差萬別，這是眾生的根機不同，隨眾生心樂和業果，諸佛證得之果而有種種的差別。此外，諸佛為了調伏眾生而將修行功德迴向眾生，相應眾生千差萬別的異因，因而感召了差別的果德，所以眾生見佛土世界有差別的果德。若是以佛望佛，則常同常異。

「一道甚深」是文殊菩薩對九位菩薩問難的總結。這九問，從現象界的複雜問題，到修行路上會遇到的各種疑難雜症，最後收歸於成佛因果的一道甚深。一道甚深說明整個法界是一體的，不但體是一，相也是一，作用也是一，這「一」就是指心性。禪宗有句話說「識得一，萬事畢」，若能識得佛心、佛性，也就能體會一道甚深了。森羅萬象的事理，無論複雜如宇宙人生的問題，或是高妙如成佛因果的境界，都是因於心。

文殊法常爾，法王唯一法，一切無礙人，一道出生死。一切諸佛身，唯是一法身，一心一智慧，力無畏亦然。

凡夫之中有一種上根利智，煩惱輕而智慧長的人，稱為大心凡夫，也是《華嚴經》四十一階位法身大士之外的當機眾，大心凡夫以其心量大而有別於一般凡夫，一般凡夫心量小，所謂心量小，就是分別、執著放不下。大心凡夫識得分別、執著是虛妄的，一個接著一個永遠不停，一般凡夫就是被分別執著這些妄念害得不能明心見性，不能契入一道甚深；若能離妄想、分別、執著，佛境就在眼前。

第十、佛境甚深

文殊菩薩在詰難九位菩薩之後，諸大菩薩祈請文殊菩薩，以其玄妙的辯才演暢如來所有殊勝境界！所以第十問，是眾菩薩請文殊菩薩開示如來境界。文殊菩薩以偈讚頌：

如來深境界，其量等虛空，一切眾生入，而實無所入。如來深境界，所有勝妙因，億劫常宣說，亦復不能盡。

如來果地上的境界，大乘用四個字來說明——不可思議，佛境界廣大不可測，即使以億劫宣說也說不盡。這無盡的不思議境，一切眾生能入而實無所入，如來境界之甚深不可思議，不但說不盡，也不能說、不能想，所謂「言語道斷，心行處滅」：

非識所能識，亦非心境界，其性本清淨，開示諸群生。……一切眾生心，普在三世中，如來於一念，一切悉明達。

佛境超越心識範圍，非識、非心所能思議，是基於清淨本性而緣起萬相，所以佛境界是全性全相的境界。

緣起，是世出世間幻現萬相的理則，幻現為清淨佛剎或染濁世間的差別在於「心」，凡夫因染濁心而緣起世間萬相，如來依清淨心而緣起華嚴事事無礙的佛境界，所以此十問，第一問將世出世間一切複雜的問題總攝為「緣起甚深」；第二至第九問將修行過程中的疑難雜症一一釐清；釐清之後，一切染濁之心與境轉化為如來之心與境，故於最後一問收歸為「佛境甚深」。

華嚴小百科

主伴圓明具德門

〈菩薩問明品〉中，文殊菩薩與九首菩薩是「互為主伴」，也就是互為詢問的人，或是答覆的人，這種「互為主伴」的關係，在華嚴「十玄門」中，稱為「主伴圓明具德門」。華嚴宗認為，緣起的一切現象，隨舉其一是「主」，其他的一切現象都是「伴」，如此互為主伴，則能具足一切德，成就一切事業。

譬如：財首菩薩回答，文殊和一切菩薩皆為伴；目首菩薩回答，財首和其他一切菩薩為伴，互為主伴則能圓滿第二場華嚴十信法門的大法會。相伴的無窮事物並不會模糊或泯滅了主要的事物，一切並不礙一，一也不礙一切，彼此豐富、圓明、具足，所以主伴是圓明、具足，而不是相礙，法法互相交徹，以此而成就空間層次的重重無盡和事事無礙。

眾生無盡・我願無窮

——第十一〈淨行品〉

浩繁的《華嚴經》常令人望之興歎，但是〈淨行品〉很多偈語，是許多學佛人耳熟能詳的，譬如「三皈依」的偈語。弘一大師對〈淨行品〉非常重視，他以為菩薩行者應該每日念誦此品，因為此品可以長養菩薩的悲智和大行。

當願眾生

學佛，就要成佛，但是如何才能成佛？〈淨行品〉在智首菩薩一口氣問了一百一十一個問題中拉開序幕，這些問題都圍繞著：如何在身、口、意上無有過失而能獲得利益成就？文殊菩薩舉了一百四十一種生活狀況，說明在遇境逢緣之時，若能把握每一個當下，進行心性的提昇，就能成就一切功德而證果。

〈淨行品〉可說是文殊菩薩教導眾生由凡夫躍升為菩薩的快速法門，躍升的關鍵是——為一切眾生發心。一般凡夫心心念念想的都是自己，即使學了佛，發心從事佛行事業，如果只是執著自己積功累德而發心，即使再努力，最多也只是福報很大的凡夫，永遠跳脫不出凡夫的階段，因為凡夫的起心動念，只要是為自己，就有煩惱纏縛，是染汙的。譬如做善事，如果希求從此一帆風順，或是為了得到別人的讚賞和尊敬，這都雜染了貪心；若未能得到預期的結果，則又生起瞋恨；而貪、瞋的煩惱，都是由愚癡而來，所以看似發心做善事，如果沒有將「執著自我」的心念轉變為「為一切眾生」，很容易引發各種煩惱，這樣的修行是染而不淨。

清朝有位對《華嚴經》很有研究的徐文霨居士說：「〈淨行〉一品，念念不捨眾生，夫至念念不捨眾生，則我執不破而自破。」執著自己，就與貪、瞋煩惱牽纏不休；如果心心念念都為眾生，就會放下自己，我執不破而自破。菩薩能破我執，正是因為他們念念不捨眾生，所以破除我執最迅捷的方法，就是將心念放在眾生身上。徐居士又說：「縱未能真實利益眾生，而是人心量則已超出同類之上，勝異方便，無以逾此。」把眾生的利益放在自己之上的人，其心地之寬廣，已經不是凡夫，是菩薩心地了！

善用其心

菩薩與凡夫的不同，在於發心，菩薩發利他的菩提心，凡夫起我執的煩惱心，凡夫雖然偶爾也能發大心大願，但是恆常是以我執為中心。如何讓利他的菩提心願，不流於偶發的空心空願？如何落實菩提心願而能成為斬斷頑強我執的利器，成就身、口、意無過失的清淨心行？

睿智的文殊菩薩一語道破修行的訣竅——善用其心，所謂「善用其心」，不僅是一般常說的正面思考等觀點，更重要的是，掌握每一個當下發大願，包括微不足道的刷牙洗臉、穿衣吃飯、出門走路、起床就寢等的一切舉止，若能在面對任何境界、做任何事情之時，心心念念都為一切眾生發願，這願心一起，過失就沒有了，發願的當下，即是正念：

若舉於足，當願眾生：出生死海，具眾善法。著下裙時，當願眾生：服諸善根，具足慚愧。整衣束帶，當願眾生：檢束善根，不令散失。……見嚴飾人，當願眾生：三十二相，以為嚴好。見無嚴飾，當願眾生：捨諸飾好，具頭陀行。

正念是非常重要的，沒有正念，很容易一念之差就錯了。造惡業是由於觸境的剎那已經迷失，這是平時沒有培養正念的力量，所以遇境立馬就被業力所轉。修行要靠日積月累的工夫，文殊菩薩教導我們落實的方法，就是從刷牙洗臉這些日常生活去轉心念，時時刻刻以願力引導智慧，與佛法相應，無論善緣惡緣、順境逆境、有事沒事，都以願力將當下的境界轉變成佛境界。

當我們心心念念都為眾生發願，漸漸地，心就能廣大起來，舉手投足都充滿智慧，與文殊同心，心無濁亂，是清淨的；見聞覺起皆是廣大願行，與普賢菩薩的十大願力心行契合。時時刻刻「當願眾生」，清淨的心行防非止惡，成就自利利他的功德，這是諸佛菩薩成佛的訣竅。

華嚴小百科

菩提心

《華嚴經》是一部非常重視「發菩提心」的經典，經中處處強調菩提心的重要，以及功德利益，〈入法界品〉善財童子參訪每一位善知識，第一句話就是告訴善知識：「我已經發了阿耨多羅三藐三菩提心。」多位善知識一聽到善財童子已發菩提心，或是讚歎，或是散花，甚至頂禮，而彌勒菩薩則以二百二十一句譬喻，讚歎菩提心的殊勝。

「菩提」是梵文，意譯為「道」或「覺」。求道、求正覺之心即是「菩提心」。大乘佛教的基本前提是發菩提心，為了利益一切眾生而達到圓滿覺悟的希求，就是菩提心。

菩提心又分為願菩提心和行菩提心，願眾生究竟成佛為願菩提心，發心者稱為「菩薩」；發心之後，以實際行動來恆常利益眾生是行菩提心。願菩提心是成佛之因，行菩提心則能圓滿佛之果位。

成佛的基礎：淨信而發心
——第十二〈賢首品〉

〈賢首品〉是《華嚴經》中很重要的一品，〈賢首品〉也是天台宗智者大師建構圓頓止觀的重要依據。〈賢首品〉的重要，不僅在於它教理的深廣，更在於它闡明成佛的基點——淨信而發心。

信滿成佛

〈賢首品〉是《華嚴經》第二場法會的最後一品經，第二場法會進入信、解、行、證四分中的解分，解分的初會是講十信法門，解分的十信法門與信分的起信，雖然都是對如來果德的莊嚴殊勝生起信心，但是信分是以呈現境界的方式，令與會菩薩融入佛境而生信；解分則是重在以分別解說的方式，讓與會者因體解信佛的功德利益而起信。

第二場法會的會主文殊菩薩，於第二會的六品經中，闡述成佛之道的起信方法。前三品經說明佛的身、語、意之果德；後三品經則是剖析成佛的修因。成佛的種種修因當中，最重要的修行關鍵是發菩提心，為了顯示淨信發心具有廣大的殊勝功德，智慧第一的文殊菩薩與勝德第一的賢首菩薩，於〈賢首品〉相互問答，暢明淨信發心所獲得的一切勝妙功德及其修行方法。

曾有學者認為，《華嚴經》的最大敗筆是將高深的〈賢首品〉放在前面經卷、尚屬初基十信階位的第十二品，他以為高深的〈賢首品〉應置於菩薩階位較高的後面幾品，這種說法，是不懂華嚴的圓教精神才會有此批評。

就漸教而言，菩薩階位需經歷十信、十住、十行、十迴向、十地、等妙覺這五十二階位，行布歷歷，次第分明；若就圓教而言，雖然五十二階位歷歷分明，但是證初住位的發心菩薩，已然體證到法界是圓融無礙，因此一位即一切位，一切位即一位，位位圓融，皆等正覺。華嚴之所以稱為圓教，很大的依據就是信滿即成佛。當十信滿心，初發大乘菩提心，入初發心住，即入佛境界，所以華嚴四祖澄觀言：

「初發心時，便成正覺等。」信滿初住位，即證圓融無礙，正是圓教之所以為圓教的獨專特色。

高深的〈賢首品〉置於第二會的最後一品，正是象徵並凸顯十信滿心，初發心即成正覺的華嚴圓教精神。

淨信，成佛的起點

菩薩的信心與凡夫的信心有何不同？何以信心圓滿，即成正覺？

菩薩十信階位所修證的內容包括：信心、進心、念心、定心、慧心、戒心、迴向心、護法心、捨心、願心。從這十種淨信可以看出，菩薩對佛的信心，不是只相信，而是由於信仰了佛，開啟了生命的各種美好特質，提煉昇華了生命的品質。菩薩是用生命去信仰，因為信佛，菩薩的心轉變了，心的轉變，使得生命也全然地轉變。

心理學研究發現，當我們認同並選定一個未來的理想形象之時，自然會產生嚮往及模仿的心理，接受並學習該形象所應具備的知識和態度，這將有助於潛能的開發，促進自我的成長。如果沒有一個理想的形象連結目前的行為，人的生命是庸碌的，生活的態度常是機械式的回應，得過且過。

菩薩信佛，接受並發願未來要成為佛的時候，佛所具有的一切德行，便會導引菩薩的一切行為，使菩薩不斷超越自我，努力朝向理想的生命形象去邁進。所以，當菩薩對佛的十種淨信都圓滿了，願心便會引導菩薩在菩提佛道上永不退轉，是可預期的未來佛：

> 菩薩發意求菩提，非是無因無有緣，於佛法僧生淨信，以是而生廣大心。……信為道元功德母，長養一切諸善法，斷除疑網出愛流，開示涅槃無上道。

相信而發心，決定了我們的未來，也決定了生命的結果。《法華經》有個譬喻：雨水普潤大地，但是大地滋養出來的萬物各有不同。為什麼一樣的雨水澆灌，成長出來的萬物卻不一樣？因為種子本身不同，大樹的種子有朝一日就會長成大樹，小草的種子永遠也長不成大樹，所以發心的這顆種子非常重要，種子選得對、選得好，未來的希望就是無窮的；種子選得不夠大，未來就像小草一樣，小小的。

如果發心利益一切有情、要像佛一樣圓滿的話，這樣的發心就是金碧輝煌、閃閃發光、具有無窮威力的發心。發心不在於能力的大小，而在於用心。能力強的人不一定發心大，能力弱的人也不見得發心小，完全取決於用心。

讓光陰的箭射向無窮的未來，讓生命的光彩綻放到無窮的宇宙，抉擇就在蓄勢待發的起跑點上——發大心！

信滿，無盡大用

人生有很多的走向，我們相信什麼，就會選擇往哪條路上前進，起跑點選對了，就會奔向康莊大道；選錯了，要再走回正確的道路，就多了曲折，歷盡滄桑，倍感艱辛。〈賢首品〉十信位菩薩的信心，就是淨信佛性。凡夫迷失佛性，自性的智慧扭曲了，變成煩惱，迷得愈深，智慧扭曲得就愈厲害。十信菩薩找回本來的自性，淨信本具的佛性，念念稱佛性而起用，無一不是智慧的展現。當智信的箭射向紅心，十信滿心，無盡的大用就紛紛綻放開來！

信滿的功德大用，賢首菩薩略說十大三昧門：（一）圓明海印三昧門；（二）華嚴妙行三昧門；（三）因陀羅網三昧門；（四）手出廣供三昧門；（五）現諸法門三昧門；（六）四攝攝生三昧門；（七）俯同世間三昧門；（八）毛光照益三昧門；（九）主伴嚴麗三昧門；（十）寂用無礙三昧門。〈賢首品〉所列的十大三昧門，是華嚴義海的要旨、精華。

（一）圓明海印三昧門

「圓明海印三昧門」是十大三昧門的根本，此門是說，心性猶如大海，當煩惱波濤止息，澄靜的心海就能映照和化現天光雲影般的法界萬象：

> 或有剎土無有佛，於彼示現成正覺，或有國土不知法，於彼為說妙法

藏。……眾生形相各不同，行業音聲亦無量，如是一切皆能現，海印三昧威神力。

祖師常以「海印三昧」形容浩瀚無際的佛境界，佛性具足無量德能，能現一切萬法，十信滿心的菩薩，照見本自具足的佛性，信心清淨，如平靜無波的大海，故能展現映現萬法的海印三昧威神力。

蘇東坡在〈鹽官大悲閣記〉說道：他不解，觀音菩薩何能千手千眼？直到有日靜坐，他心念凝默，湛然如大明鏡，是時，天地間人鬼鳥獸雜陳其前，雖未起心動念，但林林總總的萬象皆能感通交接。東坡當下豁然領悟，一佛何能遍河沙諸國？是因觸境不亂，故能遍知而無不應。同理可知，觀音菩薩能現千手、運轉千目，亦是心地澄靜自然而有的感應作用。

東坡晏然靜坐，心澄意靜而感通天地萬物，展現了佛性的海印作用，雖為未登位的凡夫，但若心地澄清，亦能略加體會海印三昧的威神力。人人本具的德能大用，只在於能否放下一切、心澄意靜，當迷失的佛性靈光乍現，海印三昧就能透出光芒，綻放威神之力！

（二）華嚴妙行三昧門

信滿入佛境界，同於普賢行廣大三業，因和果都是周遍一切處，恆時常作無邊法界大用。因此華嚴妙行三昧，是修普賢行位而成就的無邊妙用：

嚴淨不可思議剎，供養一切諸如來，放大光明無有邊，度脫眾生亦無限。智慧自在不思議，說法言辭無有礙，施戒忍進及禪定，智慧方便神通等。如是一切皆自在，以佛華嚴三昧力。

佛境界的萬行因華、莊嚴果德，就是佛在因地修的普賢廣大行所成就的。等同法界般的廣大普賢行，看似遙不可及，實則亦是你我都能行持的六度萬行，只要為了利益法界眾生而做的一切行持，即使是再微不足道的小事，都是最尊貴廣大的華嚴妙行之一！

莊嚴道場亦復如是，道場的莊嚴必然是眾緣和合，無人能獨力建構一座完美的道場，即使功力再高、再會說法的師父，如果沒有信眾，一切都是枉然。所以在道場的每一分子，無論出錢出力、或多或少、或重要或不重要，都是道場因華莊嚴的妙行之一。進而若能體認，我們不只是在人間的寺廟道場，事實上，是在毘盧遮那佛的淨土世界，是莊嚴不可思議的華嚴境界，此刻當下發心的一切行止，也就等同於普賢的廣大妙行之一。如是思惟，即便是扮演道場中的一顆小螺絲釘，但這一顆小小的螺絲釘，因為有著大大的法界心，成就的就是不可思議的華嚴妙行三昧！

（三）因陀羅網三昧門

因陀羅網是華嚴境界最具代表性的描述：

一微塵中入三昧，成就一切微塵定，而彼微塵亦不增，於一普現難思剎。彼一塵內眾多剎，或有有佛或無佛，或有雜染或清淨，或有廣大或狹小，或復有成或有壞，或有正住或傍住，或如曠野熱時焰，或如天上因陀網。

科學家證實，宇宙是不能分割的整體，縱然將宇宙碎為微塵，每一粒微塵裡面還是具有整個宇宙的影像。科學上認為是不可思議的境界，其實佛在二千多年前就講了，即《華嚴經》的「因陀羅網三昧門」。因陀羅網是帝釋天王布置天宮的羅網，這是一張綴滿珍珠的美麗之網，在這張網上，每一顆珍珠都映照出所有其他珍珠的光芒，光光互攝。

萬法皆具有因陀羅網的三昧境界，彼此都在互攝互入的狀態中，萬法與我從不曾分離，而我與萬法也是恆常緊密相連的。但是，在現實生活中，為什麼我們感覺不到我與萬法是一體的？甚至我們根本就認為，萬法和我完全是不同的存在個體。我好，並不表示你也好；你好，也不表示我就好。物我分離，才是我們確確實實的感受。

科學上有另外一項實驗，是在美國華盛頓進行的，一九九三年他們請了四千人冥想喜悅、光明、和平與愛等的畫面和感受，結果竟然降低了整座城市的犯罪率，實驗了數次、數座城鎮，皆有同樣的成果。

我們以為萬法與我無關，事實上，萬法都受著我們的念波影響，而且是如因陀羅網般的交互影響，我們每個人都是宇宙羅網中的一顆明珠，當我們的心念是清淨光明的，我們就是宇宙的環保小天使，帶給天地之間清淨光明的力量；相反地，當我們的心念是邪惡黑暗的，我們就是破壞宇宙環境的小惡魔，是製造黑暗地獄的邪惡力量。我們不要小覷自己的心念，以為小小的善心不足以扭轉世界，小小的惡心亦是神不知鬼不覺，事實上我們與宇宙是緊扣相連的，我們發射出去的任何一個心念，都在宇宙的因陀羅網中交相映射，最後終將回歸我們自身，這是宇宙的真相。

因陀羅網的三昧境界不是僅存在於佛境界，而是萬法的自性本來如此，只是我們妄心粗糙，不知不覺。十信滿心的菩薩真心開顯，就知法爾如是。

（四）手出廣供三昧門

信滿菩薩開顯的第四個大用是「手出廣供三昧門」：

若欲供養一切佛，入于三昧起神變，能以一手遍三千，普供一切諸如來。十方所有勝妙華，塗香末香無價寶，如是皆從手中出，供養道樹諸最勝。

雙手現出各種寶物而供養如來，此一神變境界在《賢愚經》有則具體的故事。舍衛城內有位長者，妻子生一男孩，相貌不同尋常，一出生雙手就各握一枚金幣，父母認為是吉祥的徵兆，歡喜收藏後，嬰孩的雙手又出現兩枚金幣，如此生生不息，取之不盡，因而命名為金財。金財長大後從佛出家，年滿受戒時，一一頂禮壇場的僧人，在他頂禮的雙手所按之處，都有兩枚金幣。他受戒後，精勤修習，即證羅漢果位。

阿難問佛：「金財比丘以何因緣，於今生雙手得以自然現出金幣？」

佛言：「過去九十一劫，毘婆尸佛出現於世，與僧眾各地雲遊，許多大富長者供養佛及其弟子。當時有位窮人，每天以撿拾柴薪過活，一日，他賣完柴薪獲得兩文錢，回家途中巧遇佛陀，見佛相好，心生歡喜，便將身上僅有的兩文錢全部供養佛和僧眾。由於這位窮人全然地供養，所以九十一劫以來，他的雙手都能自然現出金幣。那時的窮人，便是金財比丘。雖然前幾世他沒有修得道業，卻已經領受無量的福報，直到今日聽聞佛法，稍加修持即證阿羅漢果。所以眾生都應勤奮修持佛法、布施功德，廣泛種下善良的因緣！」

菩薩六度萬行功德裡面，以供養布施為先，而廣修供養是修行過程中累積資糧最快的方法，所以信滿菩薩開顯的十種大用之一，即是「手出供養」。

（五）現諸法門三昧門

十信滿心的菩薩，稱佛性而起的無盡大用，歸納為十門的第五門是「現諸法門三昧門」：

菩薩住在三昧中，種種自在攝眾生，悉以所行功德法，無量方便而開誘。或以供養如來門，或以難思布施門，或以頭陀持戒門，或以不動堪忍門。

三昧是佛法修行的總樞紐，以定生慧，「信心清淨，則生實相」（《金剛經》），信心清淨就是「菩薩住在三昧中」，菩薩住在三昧之中，就有能力展現無量的方便教化眾生，生起的作用是真實智慧，應用在事相上則是大用無方。

佛菩薩的三昧定境不是排除眾生的孤絕境界，法界中的一切眾生都是涵容在華嚴境界之中，當眾生能從各自的身分、地位、職務上幫助眾生、讓眾生歡喜、開啟眾生智慧光明，也可說是「現諸法門三昧境界」的一種展現。〈入法界品〉善財童子參訪各行各業、各種身分地位的善知識，說明了證悟的法門無量，不是只有在佛法中才能尋到真理，因而每位善知識皆以各自的拿手絕活證入法界、啟悟眾生，即便是平凡無奇的家庭主婦——具足優婆夷，也因柴米油鹽而悟到真理，並讓家人、眾生都因她的小缽美食而體嘗法味，法喜充滿。

不論我們做什麼事，此事就是讓我們得以成就的法門。就開車的運將來說，開車就是運將的法門。無論任何崗位，即便是單位中最不起眼的小螺絲釘，只要能發揮小螺絲釘的最大妙用，當下此處就展現了現諸法門的三昧能量！

（六）四攝攝生三昧門

第六門是以四攝法攝持眾生，包括：布施、愛語、利行、同事。四攝法的布施特別強調人與人之間的關係，對人態度很謙誠、很恭敬，都是布施。愛語是關懷、照顧。利行是指我們的所作所為都有利於眾生，沒有害處。同事是共同生活或工作都要互助合作。

（七）俯同世間三昧門

第七門是四攝法裡面的同事攝。此門是說，諸佛菩薩應化在世間，恆順眾生，與眾生為同事而隨緣化導。善財童子參訪的善知識，各個都是此門的最佳示範。善財童子除了參訪佛教教內的出家、在家眾之外，也參訪教外人士，甚至外道、非道、惡人，上至佛菩薩、下及魔鬼淫女等，各行各業都是善財童子的善知識，這些善知識有的表面看起來並非善類，但事實上，他們通通都是佛菩薩化身示現的。這就是佛菩薩為了度化眾生，身同世間，乃至山河大地、花草樹木等的一切，佛菩薩皆可示現，是為「俯同世間三昧門」。

（八）毛光照益三昧門

此門是十信滿心菩薩在三昧定境中，毛孔放光，遍照大千世界，利益一切眾生。身毛無以數計，象徵無以數計的光明智慧法門，在虛空法界中，照益各類眾生：

有勝三昧名安樂，能普救度諸群生，放大光明不思議，令其見者悉調伏。……又放光名法清淨，能令一切諸毛孔，悉演妙法不思議，眾生聽者咸欣悟。……如一毛孔所放光，無量無數如恒沙，一切毛孔悉亦然，此是大仙三昧力。

佛菩薩的毛光照益是誠於中而形於外，內在的性德從身上最細微的毛孔透出光芒，所以通身毛孔放光。現在科學發現，眾生的身上也有光，科學上稱為磁場，眾生身上的光的色彩、大小都不一樣，也就是磁場的能量不同。心地清淨的人，磁場是正面的能量；如果妄念多、雜念多、煩惱多的人，磁場的能量就相對混亂。心念愈清淨、愈專一，就愈能控制正面能量的磁場，使其遍及法界，放大光明。

《莊子．德充符》有則寓言，有位名叫哀駘它的男子，長相極為醜陋，也沒有任何言教，但是與他相處的男子都非常尊敬崇拜他，不願離開他；女子與他相處後，都希望成為他的妻妾；國君知道了請入宮中，不到一年就非常信任他，想將國政交付給他。莊子描寫的哀駘它，就是以內在磁場的力量感召眾人，讓眾人想親近他，雖無言語，卻在無形中淨化、教化、昇華了他身邊的人，這種由內而外自然感化人的磁場，是毛孔放光、照益眾生的一種呈現！

（九）主伴嚴麗三昧門

法界萬法都有主伴的關係，花為主，草為伴；草若為主，花則為伴。華嚴境界中，主與伴是平等的，不僅不遮障彼此，而且是相互成就、莊嚴彼此，所謂：「一佛出世，千佛擁護。」一佛為主，諸佛菩薩皆為眷屬眾，護持出興於世之佛，共同完成佛行事業，主伴是相互嚴麗的，如同明月當空，眾星環繞，各自依時節因緣而有或主或伴的靈動變化，展現或主或伴各自的精彩，主伴是相互襯托而又自在無礙：

有勝三昧能出現，眷屬莊嚴皆自在，一切十方諸國土，佛子眾會無倫匹。……譬如明月在星中，菩薩處眾亦復然，大士所行法如是，入此三昧威神力。

主不能無有助伴而圓滿成就，法不孤起，就像種子需要陽光、空氣和水，才能展現花開結果的現象，有了花開結果，才能綿延不絕地又開花結果、開花又結果……，一法關聯著一法，關聯又關聯，主伴之間有著複雜而綿密的互動關係，相互依存、互為緣起。法界中的任何一點，都可成為緣起萬法的切入點，以此切入點為主而廣納無盡緣起為助伴，成就華嚴無盡緣起的法界大海，這是法界的實相，入三昧所見的嚴麗境界。

但世間人不見萬法的本質，不知法界平等、互為緣起的實相，局限於狹隘的個人主義之中，眾星不願意拱繞一輪明月，而明月也恐懼失去閃亮的光環，為了固守本位而互相障礙，執著自我而不能嚴麗彼此、不做共成的廣大事業。

然而弔詭的是，當我們願意嚴麗別人的同時，卻也正是嚴麗成就我們自己的時候，每個人都是自己生命舞台的唯一主角，沒有人可以奪走你人生這場大戲的主角光環。當別人走進我們的人生舞台共同演出之時，他是襯托你的配角，無論他再出色，也只是嚴麗你的這場人生大戲的角色之一。而你出現在他的舞台當中，你也是烘托他的配角之一。彼此的生命劇本交互重疊之時，若能互相做為彼此的主伴，嚴麗彼此的生命，互動出智慧的火花，展現出人性的光輝，讓雙方的人生劇本開出漂亮的生命花朵，璀璨亮麗地連結在一起，乃至廣納無盡眾生的生命劇本，個人的生命舞台被打開擴大了，與法界舞台相融相合，最終共成無盡主伴全贏的局面！

（十）寂用無涯三昧門

《華嚴經》十大三昧門的最後一門「寂用無涯」，是講自性的體用。「寂」是性體，「用」是依心性本體而起的作用。此門是說諸佛菩薩以清淨自性為所依，入定、出定，皆是寂用自在、妙用圓融，因為一切作用都不曾離開過性體，性體本自具足，能生萬法，故能大用無方：

有勝三昧名方網，菩薩住此廣開示，一切方中普現身，或現入定或從出。或於東方入正定，而於西方從定出；或於西方入正定，而於東方從定出；……盡於東方諸國土，所有如來無數量，悉現其前普親近，住於三昧寂不動。而於西方諸世界，一切諸佛如來所，皆現從於三昧起，廣修無量諸供養。

凡夫是以八識為所依，所起的作用是分別執著，對立而不包容，處處隔閡而有障礙，一不是一切，一切也永遠不能融會於一之中。諸佛菩薩以清淨性體為所依，是在根源處下手，無論任何境界都融會在遍法界的寂靜體性上，所起的妙用是無涯而自在，融通而無障礙。

就像學武之人，在學習過程中必須分別清楚每一個招式，一招一招地按部就班去學習，資質魯鈍者始終跳脫不開招式之間的次第和差別，無法融會貫通、靈活運用。但慧根深厚者，當掌握功法精髓之後，即能玲瓏穿透各個招式，打破招式次第，所謂「無招勝有招」，隨機應變，變化無窮，此時一招就具足了一切的招式。以清淨自性為所依者就是掌握了一切大用的精髓樞紐，故於一切境界通透無涯，因為得之寰中，故能以應無窮。

十信滿心而入佛境界後所具足的十大三昧門，是無量三昧的歸納，最後一門「寂用無涯三昧門」又是這十大三昧門中的核心。諸佛菩薩現身依三昧，說法也依三昧，無量無邊的大用皆從寂靜的三昧大定自然顯現，三昧大定的清淨性體是諸佛菩薩妙用自在之所依，寂用無二，用不異體，故能穿透圓融。

華嚴小百科

信為道元功德母

信、願、行，是修習佛法不可或缺的三元素，首重「信」，人們常言：「信為道元功德母，長養一切諸善法。」很多人不知道是出自《華嚴經》的〈賢首品〉，其義是說，成就道業所需具備的先決條件是「信」，只要深信佛陀所說之理，依之而修，無量的自性智慧、功德法藏自然能顯露出來。

〈賢首品〉是在〈十住品〉之前，強調「信」的功德與佛德，華嚴宗依據〈賢首品〉而有「信滿成佛」之說，並成為詮解《華嚴經》的著名特色。信滿就是初住位，初住位是分證法身的開始，也就是已經體證到「一即一切，一位攝一切位」的圓融理境，雖然尚未斷盡無明而究竟成佛，但是初住位菩薩確已體證到圓融佛境，所以說「信滿成佛」。

第三會

本會從人間上升至忉利天宮妙勝殿舉行，
從人間到天上的空間轉換，
說明凡夫欲超脫三界、入佛境界，必須安住空性。
此會由安住真理的法慧菩薩為會主，說十住法門。

初住，生命的覺醒

——第十三〈昇須彌山頂品〉

《華嚴經》第一場法會如火如荼地進行當中，十方四天下一切菩提樹下見世尊不曾離席，卻在此時，世尊已然升至須彌山頂，並為帝釋迎請入忉利天宮。世尊不離菩提樹下，於人間天上同時出現，為這不可思議的神妙境界，拉開了第三場法會的序幕。

月印千江

《華嚴經》開了九場法會，前會未散，後會又說，似有前後，實為一時頓演。何以同時頓顯，又分前後？這是華嚴「行布不礙圓融，圓融不礙行布」的境界。華嚴九場法會，佛陀始終不離菩提覺樹，象徵每場法會皆以菩提覺性為本，第一會佛成正覺是九會之本、為體，其他諸會為伴、為用。由佛性本體而言九會，九會同時頓演；由佛性妙用而分說九會，九會不妨前後的差別。

佛陀不離覺樹，於十方一切天上人間同時現身，一般或說是如來化身無限，古德則以朗月流影為喻，說此乃佛與眾生相感相應的關係。澄淨的江水映現明月，三舟共觀明月，一舟停泊江中，一舟向南，一舟北駛，南舟見月千里隨南，北舟見月千里隨北，而停舟者則見明月停佇水中不移，此乃明月不離江中而亦往南北。假設有百千舟共觀明月，各向八方離去，則見百千明月各隨其舟而去。非有百千明月，而是月映千江！

佛如當空的朗月，隨眾生心流而影現，人間見佛不離菩提樹下，帝釋亦見佛現身於天宮。眾生有感，佛即有應；眾生無盡，佛亦遍應無盡。

華嚴法會以菩提覺樹為本，即是以圓具一切的佛性為本，以佛性為本而性起的華嚴法會，必是場場神妙不可思議，超越時空，行布圓融，遍應無礙。

生命的妙高峰

《華嚴經》前兩場法會，都是在人間菩提場中舉行；生起正確的信心，是第一、二場法會的宗旨。信心成滿，再往上提昇就是圓教的初住位，初住是凡夫躍入法身菩薩的重大變革階段，從此脫胎換骨，不再是凡夫身，生如來家，入佛境界了。這是一場關鍵性的轉變，佛陀巧妙地從人間到了天上，以空間情境的上揚，象徵生命品質拉上了天的高度，翻轉了生命的境界。

須彌山是佛教世界觀的中心，也是世界的最高峰，意譯為妙高峰，佛升須彌山頂而舉行第三場十住法會，說明十住法門的高妙是超出人間、上達天界。善財童子五十三參的首參，就是登上妙高山頂尋找善知識，尋尋覓覓，始終不見，當他放下一切執著，以高峰視野看自己、看人間，他恍然醒悟，就在此刻當下，善知識出現了，印證善財童子所悟，證初住位，覺悟的生命從此打開，入佛法界！

初住，是生命的覺醒，以天的高度為視界，由此開展了生命的高度，累世的輪迴就此瓦解，釋放了生命中的束縛。束縛我們生命的，不是別人，正是我們自己，在纏凡夫喜歡執著的快樂和痛苦，即使深受執著的痛苦折磨，仍然不願意捨下，寧願執著而自我傷害，也不願意放下而解脫快樂，於是生命始終在纏縛中。站在高峰覽看一切的初住菩薩，超拔的視界使生命在不染著中有著美麗的風光。覺醒的生命是超脫無住的，初住以其無住，故能安住解脫，超脫輪迴！

帝釋與《華嚴經》

帝釋的梵文音譯為「釋迦提桓因陀羅」，略稱釋提桓因、釋迦提婆。帝釋原為摩竭提國的婆羅門，由於修布施等福德，生須彌山頂中央的忉利天，四方各有八天，共三十三天，帝釋為三十三天天主。帝釋於佛教中的地位，與梵天同為佛教護法主神，鎮護東方。佛陀在菩提樹下禪修，魔王侵擾，帝釋吹法螺保護佛陀；佛陀成道後，帝釋成為佛陀的守護神。佛陀升於忉利天為母說法時，帝釋天手持寶蓋，為佛陀侍從。

當佛陀接受帝釋的邀請，入忉利天宮之時，帝釋憶起過去諸佛都曾來到忉利天宮說十住法門，忉利天宮蒙諸佛加持而恆說十住法門，為最吉祥殿。

忉利天宮因諸佛說華嚴十住法門而最為吉祥，帝釋也因《華嚴經》的加持而打勝仗。華嚴三祖法藏大師說了這則感應故事：帝釋與修羅時有戰鬥，某日帝釋以天眼觀察，見于闐有位沙彌專持《華嚴經》，有大威力，遂派使者請沙彌上天宮誦《華嚴經》，加持天界神力。這時，帝釋與修羅再戰，大獲全勝，帝釋大喜，五體投地說道：「法師有何欲願，皆可滿願。」沙彌答：「我乃追求無上大道而出家，不希求世間欲樂。」帝釋答：「唯獨此願，無能滿足。願法師成就菩提，不忘救護！」帝釋恭敬大禮將沙彌送還人間，沙彌所有衣服都染有天香，且終身不散。圓寂後，生佛國淨土。

華嚴小百科

灌頂

灌頂，原為古代印度帝王即位與立太子的儀式，國師取四大海之水灌其頭頂，表示祝福。大乘佛教即以灌頂表示，佛子將登法王佛位受職。據《華嚴經．十地品》記載，菩薩於第九「善慧地」入第十「法雲地」之際，十方佛以光明智水入菩薩頂，即入法雲地，此稱受職灌頂，或稱灌頂法王，預祝即將入於佛位。

《華嚴經．十住品》的第十住，成就智身，諸佛以法水灌其頂，故稱為灌頂住，而灌頂住與法雲地受職灌頂有何差別？古德解釋，圓滿佛境界有五大階段：1.信滿，如〈賢首品〉之「信滿」便得灌頂而昇位。2.解滿，如灌頂住。3.行滿，如第十行。4.願滿，如第十迴向窮證法界。5.證滿，如第十地。灌頂住是「解滿作佛」。

讚佛甚深功德海

——第十四〈須彌頂上偈讚品〉

世尊入忉利天宮、結跏趺坐後，帝釋天宮豁然廓大，大到遠從百佛剎微塵數國土外前來無法估計的菩薩聖眾，都能容納，無量無邊的菩薩大眾頂禮佛足之後，各隨所來的方位，化現毘盧遮那藏師子之座而結跏趺坐。這樣廣大的盛況，在十方一切世界同時出現，而且十方一切世界菩薩聖眾的名字、世界、佛號，也都相同無別。這時，十方世界須彌山頂的一切世尊，從其兩足指放百千億妙色光明，普照十方一切世界須彌頂上帝釋宮中，如因陀羅華網般光光相攝，共成第三場法界圓明的華嚴盛會。

稱讚如來

第三場華嚴法會是場高峰聚會，不僅舉行地點位於我們居住世界的最高峰——天界的須彌山頂，更因於與會聖眾的生命品質達到了頂峰——證悟與佛完全平等無二的清淨自性。「明心見性」是心性的顛峰，雖然十住之後還有十行、十迴向、十地、等妙覺之三十二個菩薩階位，但差別只在於無明習氣的厚薄。

十方一切世界的十住菩薩，以其所證的境界，一一同聲讚頌如來。十住菩薩讚頌如來，一方面是請法，一方面是出自內心的真情實感。無始以來為煩惱苦苦逼迫的眾生，當看破無明纏縛的佛性躍然而出之時，赫然發現，本具的佛性是如此地殊勝，無物堪比倫。但是愚癡的凡夫，竟然捨棄近在咫尺、如珍寶般的佛性，反而去追逐、執著微毛快樂的五欲煩惱。照見佛性的菩薩，不禁由衷讚歎與如來無二無別、清淨廣大的自性。

〈須彌頂上偈讚品〉中十大登住位菩薩對如來的一一讚頌，全是讚頌自性的功德。

諸佛如來並不需要我們的讚歎，而是讓未見本性的我們，藉由讚頌諸佛如來的功德，看見自己亦然具足的美好性德，所以讚歎如來，可以開啟自性的四無礙辯才、梵音深妙相。

當我們發自內心地讚頌他人，也就等於是讚頌了自己的性德，因為法界眾生都具有同樣美好的佛心佛性。但是凡夫見到他人的好，不是生起讚歎之心，反而生起嫉妒之心，這是小我的狹窄心量而讓自己陷於煩惱之中，嫉妒心讓我們不快樂，而且將我們推離佛性愈來愈遠。

在佛性大海中，你我同樣清淨平等，圓具一切，或許此刻當下，你是如此地光彩奪目，但這一切都是佛性的展露，只是我隱沒不現，而你代替了我綻放出生命的光彩，你讓我看見、並發現自己隱蔽的燦爛性德，這是多麼值得令人讚歎！彰顯如來性德的你，和未顯美好佛性的我，同為一體的隱、顯兩面，所以讚美你，就是讚歎自己，也就是稱讚如來佛性！

無住，見佛

十住菩薩對於「住」的體悟甚深，「住」是停留，有所停留就有所執著，凡夫有住，所以停留在六道中輪迴；十住菩薩無所住，所以解脫自在。十住菩薩對如來的讚頌，即是以「無住」為核心而展開：

假使百千劫，常見於如來，不依真實義，而觀救世者。是人取諸相，增長癡惑網，繫縛生死獄，盲冥不見佛。

發心求道的眾生，如果凡夫心未轉，始終執著在相上，即使百千劫來佛就在眼前，化身為師父來救護我們，但是我們不依真實義見善知識，妄起崇拜執著等虛妄心，這樣就算再怎麼努力拚命地修行，勇猛精進，奮鬥不懈，雖然累積了無量福德，但是著相有我的心念，終究見不到如來實相，脫離不了生死輪迴。

心若能不起執著、不停留、不繫縛在任何一法上，即能與佛性相應，見到善知識的真實義；否則不是外境繫縛我們，而是我們被自己的虛妄心困住了：

凡夫見諸法，但隨於相轉，不了法無相，以是不見佛。牟尼離三世，諸相悉具足，住於無所住，普遍而不動。

凡夫眾生住於有；小乘聖者住於空；得解脫的諸佛菩薩，既不住於有，亦不住於空，這即是無住。無住而住是安於常住不變的實相，這跟一般眾生有執著、有自我價值觀的判斷、有是非取捨的執著心是不一樣的。唯有真空的實相法，才是無住而又常住。

華嚴小百科

祕密隱顯俱成門

「祕密隱顯俱成門」是華嚴十玄門之一，此門意為顯現和隱藏的部分是同時存在，不會互相排斥，隱中有顯，顯中有隱。古德以弦月為例，月初雖然只見一彎月鉤，但是月輪並未喪失其圓滿的整全性，只因時節因緣而有或明或暗的現象，明暗之於圓月是同時成立。

眾生往往只見表象彰顯的部分，不知內在深層的隱藏意義，隱藏的層面並不表示不存在或被毀滅，反而可能具有無窮的層面正隱隱內含著，若能不執於表象，隱蔽不現的內涵則將隱顯無礙、圓融俱成：「爾時世尊，不離一切菩提樹下及須彌山頂，而向於彼夜摩天宮寶莊嚴殿。」「十方一切處，皆謂佛在此，或見在人間，或見住天宮，如來普安住，一切諸國土。」

眾生只見佛在自己所處的空間開顯，不知世尊不離菩提樹下而同時出現在十方一切處，世尊在有此則無彼的人間天上，展現出隱顯無礙的華嚴圓融境界。

見性、發心、安住
——第十五〈十住品〉

第三場法會的六品經文當中，〈十住品〉是正宗品，也就是說，第三場法會的目的是闡明十住法門，所以在〈須彌頂上偈讚品〉十位十住菩薩讚佛之後，法慧菩薩在佛的加持力下入三昧大定，準備開演大法。

佛菩薩說法之前，必先入定。而法慧菩薩入定之後，特殊的是，在定中又蒙受無以數計、同號法慧的十方諸佛加持，授予法慧菩薩十種智慧，並蒙諸佛摩頂。這是十住法門的法力，和毘盧遮那如來的願力、神力，以及法慧菩薩本身的善根力，而有此殊勝的緣起。

法慧菩薩出定之後，即對與會的大眾開演十住法門。

自性的慧住

菩薩十信位修圓滿，即入初住位。入了初住位，即住三世諸佛家，再不退轉，不退為凡夫，不退到二乘，也不退到權教諸位菩薩，因此稱住。初住至佛位，雖然猶須經歷十住、十行、十迴向、十地、等妙覺的四十二個菩薩階位，卻能不退墮；這是如何修持而能再也不退轉？

眾生修行會退，甚至退墮到三惡道，是因心不能安住在本性上，反而認假為真，向外攀緣，分別執著，妄起貪、瞋、癡、慢，所以輪迴不斷。而十信圓滿的菩薩，自信自性具足一切，了悟世間萬法皆是虛妄，名聲地位、情愛欲望，沒有一法值得貪著，安住於空性、自性上，明白自己的智慧與佛平等、與眾生平等、與諸法平等，一切諸佛及一切眾生同一體性，所以初發心時就安住於佛性的大智慧當中，念念生智慧，清清楚楚，明明白白，不被外境所迷惑，從此安住於自性智慧而永不退轉，隨行安立四十二個菩薩階位，是無住、無相、自性的慧住。

學佛為的是什麼？不為別的，就是為了回歸自性！當我們放下世間虛妄的一切，不再追逐外相，自性的智慧就會現起！

十住之階位

《華嚴經》解分的〈十住品〉當中，法慧菩薩對菩薩的十住階位是從理論上進行解說，而古德對這一品則配合證分的善財童子五十三參，以前面十參的善知識，具體示範十住的內涵，讓抽象的概念化為具體的示範。

善財童子參訪前十參的最初三參，皆是出家比丘，主修出離心，象徵欲入佛家、轉凡成聖的根本方法，就是放下對世間的執著，這是根本的方法，更是修行的基礎，也是踏入如來家的門檻：

（一）發心住

善財童子五十三參最突出的特徵，就是他到每一位善知識面前，必定先自述：「我已先發阿耨多羅三藐三菩提心，而未知菩薩云何學菩薩行？云何修菩薩道？」

發大乘菩提心是入佛家的起點，凡夫由於發心而得證初住，為何發心就能超出凡境？因為唯有領悟「凡所有相皆是虛妄」，才能真正無我而以眾生心為心，發無上道心，入空界、住性位、悟入十住初心。初住菩薩了悟萬法不實，但見眾生追逐假有而於世間法上妄起分別執著、起惑造業、輪迴痛苦，不禁生起大悲憫心，發心證果度眾。就在見性、發心之中，轉凡成聖，證入初住位，成為覺悟家族的一分子——生如來家。因此，發心能對治一切世間的煩惱障，成就諸佛的智慧光明門。

（二）治地住

第二住更起勝解，淨治心地。善財童子第二參在海門國見海雲比丘，對治攀緣外相而迷失本真的妄心。海雲比丘觀修十二因緣，一日海中現佛、為海雲比丘說《普眼經》，當下海雲比丘明見自、他十二緣生，看透萬法虛妄不實的本質，淨治八萬四千法門，成就如來大智慧海，真心清顯，普周自在，無有障礙。

（三）修行住

第三住善於對治心境上無明、不淨的障礙。第三參在虛空中參訪善住比丘，象徵最好的安住就是無住，因無所住著於任何一法，反而能見一切法的實相。無住而安住，是在世間歷練大乘菩薩行而能不退轉的訣竅，故名修行住。在歷事鍊心當中，以空性而斷除一切障礙，心無住著而智慧朗照，證得菩薩無礙解脫門。

（四）生貴住

十住當中的第三修行住，因為所修的妙行冥契妙理，與佛行相同，密齊果德，故得領受佛之真如，入如來種，登第四生貴住。第四住初托聖胎，將生尊貴佛家，故名生貴住。〈入法界品〉巧妙地藉由善財童子的參訪對象和參訪地點，暗喻其中的法義：前三參參訪的是在山頂、海邊、虛空中遠離塵囂的三位比丘，象徵修道的基礎是修出離心，斷除世間執著，了知世間性空不實，安住於如虛空般廣大、如大海般深沉、如山巔之高偉的佛性當中，之後，方能走入世間歷事鍊心，以出纏的心入世間行菩薩道。所以善財童子在寂靜的大自然中，連參三位比丘，基礎穩固，於第四參才投入紅塵世間，在熱鬧的市集參訪在家居士彌伽大士，表示吵雜、惑亂人心的地方，以尊貴的佛性為所住，則能寂靜而自在。

（五）方便住

前位入如來種，是具有諸佛正道的聖胎，方便善巧智慧漸漸具足，克肖於佛，如胎已成，人相不缺，名方便具足住。善財童子第四參既入世間修行，第五參進而看透萬法如幻的本質，積極地以幻化幻，度化眾生。第五參解脫長者證得如幻解脫，了知萬法性空如夢幻影現，不僅不執著，且能幻變萬法、大做佛事，是第五方便具足住。

（六）正心住

第五住觀萬法如幻，化現無量善巧，教化眾生方便具足；而第六正心住，不僅能幻化無量，並在變化萬端的世間幻相中，體認到屹立不搖、恆久不變的真心，於內外世界自在變化的幻境當中，始終安住真心，故名正心住。善財童子第六參參訪海幢比丘，海幢比丘在人來人往的大馬路上結跏趺而坐，離出入息，無思無覺，於身上展現度化十法界眾生的妙境，這是以靜定的真心為住，對治外境的無常變化，展現內在的如幻教化，是以正心住，得內外自在解脫，寂用、定慧無礙。

（七）不退住

安住正心之後，於幻化世間不退佛心悲願，堅固真解，日增月長，時刻無間，故名不退住。善財童子第七參在普莊嚴園見休舍優婆夷，優婆夷的園林有八萬四千那由他同行眷屬，共同教化一切眾生，皆得不退轉位，表大悲、大行救度眾生的一切方便善巧。不退住大慈大悲，攝一切眾生，不自在、不圓滿令得自在、圓滿，是悲智雙運的住位。

（八）童真住

從發心以來，安住佛性，長養聖胎，不起邪魔破菩提之心，三業清淨，悟情、器二世間幻化不實，無染著，故名童真住。善財童子第八參參訪幽谷林間的毘目瞿沙仙人，表大智清潔，沒有染習，不動清淨。

（九）法王子住

自初發心住至第四生貴住，稱為入聖胎；第五方便具足住至第八童真住，稱為長養聖胎；而第九法王子住則相形具足，聖胎脫出，為法王之子，從法王教，生於正解，將紹佛位，故名法王子住。善財童子第九參參勝熱婆羅門，修的是登刀山、入火聚的逆行法門。一切如夢幻影現的境界，雖身為法王之子，也要全心投入，不是不沾染的清淨自在，也不是觀一切法如空花水月般地超然無關；而是要不顧一切地奮力親炙，只有全然地放下自我的執著，全然地投入幻化的境界，才能全然地獲得成佛的智慧。

（十）灌頂住

在夢幻的境界中歷經了全然地放下與全然地投入，佛子獲得了成佛的智慧，解行具成，堪行佛事，故佛以智水為之灌頂；如剎利王的世子長成，為世子舉行灌頂儀式，接受王位。善財童子第十住參見師子幢王的女兒——慈行童女，王女表大悲慈行，沒有染習，十住智滿則從大悲處利益世間，對治悲智不自在的障礙，令得清淨。

一到住位，親證佛性，因而〈十住品〉說，菩薩住處廣大，與虛空法界等，是住在過去、未來、現在一切諸佛所住處，就是因為十住菩薩明心見性，生到如來智慧之家，與如來一同住在廣袤的佛性大海；不過十住菩薩的煩惱習氣未斷，還須漸漸地以法自除。從初發心住到十灌頂住，都是安住在當下佛性透顯的一念心。這一念心以清淨光明為體，對治一切障礙法，一法、一心、一智慧，一切都能在佛性光明的朗照之下，解脫自在。

華嚴小百科

信滿成佛

「信滿成佛」是《華嚴經》著名的特色，也是一乘圓教特有的教義，有別於三乘教的十地終心作佛，華嚴宗是根據〈賢首品〉而立說的。

〈賢首品〉是在〈十住品〉之前，強調「信」的功德與佛德，當十種信心圓修成滿，就入初住之位，初發心住即成正覺，所以信滿即成佛。華嚴圓教的初住位，是分證法身的開始，已經體證到「一即一切，一切即一」的圓融理境，初住菩薩徹見佛性，了悟萬法虛妄，自信本自具足一切，不假外求，雖然習氣尚在，但是不再執著。因為已經證入圓境，因果同時，便成正覺，一位具足一切位，一切位也在一位之中展現。

「信滿」就入「初住」位，二者的不同在於，信滿是從修行的進路來談，而初住則是就菩薩階位來講。

風行於空中
——第十六〈梵行品〉

〈梵行品〉是《華嚴經》中很短的一品，但意義甚深；在「身、身業、語、語業、意、意業、佛、法、僧、戒」十種境界的空性辯證上，義理相當深奧。以其義理之深奧，很容易謬解，夢參老和尚說：此品如果不能掌握精確，之後的華嚴義更深，十地、十忍、十通更難進入，所以此品要多思惟！

蕩相遣執之梵行

此品一開始，是由正念天子詢問會主法慧菩薩：如何能得梵行清淨？正念天子與法慧菩薩都象徵梵行清淨：人須不雜染，很清淨，才能生天，因此此品以天子啟問，表示正念清淨。怎麼達到正念？因為無念。以無念利益眾生，這叫第一義天，自在行。至於會主法慧，了知一切諸法的自性本空，故名法慧。

清淨梵行的修法過程，首先是作意修行，觀察身、口、意三業及其業用，加上佛、法、僧、戒等十法，從中找梵行，在反覆不斷地搜索之後，找得到嗎？全是問號，了不可得。

〈梵行品〉是遣除一切，不但染法不立，淨法也不立，一法都不立。當我們以為清淨的身是符合梵行，法慧菩薩卻說種種不淨身才是身的實況；乃至我們以為，依止佛、法、僧三寶和戒律是為梵行，法慧菩薩反而大加質疑三寶和戒律是否為梵行？

> 若身是梵行者，當知梵行則為非善、則為非法、則為渾濁、則為臭惡、則為不淨、則為可厭、……若戒是梵行者，為壇場是戒耶？問清淨是戒耶？教威儀是戒耶？三說羯磨是戒耶？和尚是戒耶？阿闍梨是戒耶？鬀髮是戒耶……。

這一品之所以容易謬解，是因為眾生不是偏空、就是偏有，不是執染、就是執淨，難以中道。

凡夫的心，一般隨的是染緣，遇到境界就起染執。在修行過程中，凡夫以佛、法、僧三寶及戒律做為所緣，以淨法對治染法，破除染緣，企圖放下執著。但是放下了染法，殊不知自己又悄然執著了淨法，執著並未真正地放下，只是換了對境。法慧菩薩一連串的破斥，就是為了遣除修行道上的染淨執著。一切法若是執著了，不論染淨，皆非梵行。

我們依止三寶，以善法為緣，累劫修行，為什麼不能成道？就是因為未能勘破萬法性空的本質，唯有反覆並時時觀察身、口、意等十法無所住著，才能於萬法的繫縛中解脫：

於身無所取，於修無所著，於法無所住。

行菩薩道必須先達到無住的境界，無住才能進入初住，這時候的發心，才是真正的菩提心。

安立真心之梵行

但是梵行並不是落於空寂，如此則成斷滅空。無住是建立在覺悟上，不墮空、也不執有，心地清淨，當覺悟的道心與湛然的佛性相應，佛性即會顯現。證悟了佛性，就知一切眾生與自己同一體性，人悲即我悲，救度眾生而不執著，因為看透了一切境相皆如幻夢響影，三輪體空而行菩薩道。因此，一發菩提心，就入住位不退，得阿耨多羅三藐三菩提。

修梵行，觀的是體、是性、是當下的一心，放下的是相上的執著，凡所有相，皆是虛妄，雖然經過十萬大劫、勤修十億萬行，皆是為眾生而緣起、實為性空，就像風行於空中，雖在空中但不礙有，雖在有中也不礙空，不立一切相，直下就真心安立，因為知一切法即心自性。

梵行是純粹就它的實義說的，梵行的行，一行就具足一切佛法，這是華嚴的〈梵行品〉。世尊拈花，迦葉微笑，這就是清淨的梵行。心行處滅，言語道斷，沒有言說的。本來是沒有行可得，也沒有梵可說，也沒有什麼是淨，也沒有什麼是不淨；可是為了接引眾生而說了種種法門、行無量菩薩行。

華嚴小百科

淨行・梵行

《華嚴經・梵行品》的「梵」字，譯成中文是「淨」，也就是說，此品也可以翻譯為〈淨行品〉，既然如此，它與〈淨行品〉有何異同？

這二品都在說明「清淨修持」的方法，是《華嚴經》修行的入手處，不過〈淨行品〉是有作，〈梵行品〉是無作，一是從「有」入，一是從「空」入，〈淨行品〉的「有門」要先修，有了基礎才能修持「空門」的〈梵行品〉。

文殊菩薩在〈淨行品〉以「善用其心」做為修行的總綱領，其淨行是隨相隨緣、作意修行，面對任何境界都要轉心向道、發成佛的大願，從緣起法界起修，建立清淨的信心。〈梵行品〉則是無相修行，是隨緣離緣、隨相離相的清淨修行，從性起法界的立場遣蕩一切。十住都是住亦無住，有住就不清淨，一到無所住的十住位，就證入佛境界，所以古德將這一品譯為〈梵行品〉，以別於作意修行的〈淨行品〉。

發心，就開悟了

——第十七〈初發心功德品〉

《華嚴經．梵行品》講清淨梵行，遣除一切，不但染法不立，淨法也不立。既然一法都不立，一切都放下，那還需要修法、做功德嗎？

走上修道之路，就是要放下一切。梵行，正是因為什麼都不立，才能成等正覺；一立，就成不了佛，凡夫是立什麼、就著什麼，所以〈梵行品〉先破後立。破斥一切之後，就怕行者落入頑空，落到斷滅，所以《華嚴經》第十六品〈梵行品〉之後，第十七品隨即是〈初發心功德品〉，更說發心的功德不可思議，勸大家發菩提心。

梵行後乃真發心

凡夫做任何事情，即便是發心做善事，都會夾雜貪、瞋、癡，得到一點功德，就會在功德上執著貪戀，一起執著，又恢復原來的煩惱。只有透過梵行，掃蕩一切，心裡乾乾淨淨的，再發心，功德才清淨。

凡夫執有，所以說空；空了之後，又易執空，所以說有，這樣反覆說的目的，就是要我們不斷地放下。修道之路是落哪邊都不行，凡有言語、凡有形相、凡有思維，都要放下，不能著於一處，說空說有，即空即有，非空非有，各種善巧方法，為的就是要我們不偏執於任何一邊。所以由清淨梵行超越世間法之後，為了令行者不厭離世間、耽溺寂滅，立馬就講發菩提心的功德，從世俗之有化「空」，由空又回到各種善法之「妙有」。各種善法之妙有的修習，〈梵行品〉歸結為十法：處非處智、過現未來業報智、諸禪解脫三昧智、諸根勝劣智、種種解智、種種界智、一切至處道智、天眼無礙智、宿命無礙智、永斷習氣智。這十法是引出初發心功德的妙善修法，即如來十力，安住觀察如來十力，則能於一一力中見無量義，生起大慈悲心，觀察眾生而不捨離；了知境界如幻夢響影，於諸法中不生二解，一切佛法疾得現前，如是則於「初發心時即得阿耨多羅三藐三菩提，知一切法即心自性，成就慧身，不由他悟」。

〈初發心功德品〉的有，不再是世俗之有，而是由真空緣起之妙有，是照見佛性、安住於空性的十住位菩薩，發菩提心而緣起各種善法之妙有，其清淨功德是不可思議的。

乘法界本體而發心

本品處所的主人天帝釋問法慧菩薩，十住菩薩初發菩提心所得的功德，量有多大？法慧菩薩說：跟佛的功德齊等！

成佛要經過無量劫的修行才能成就，初發心的功德怎麼就與佛的功德齊等？法慧菩薩以十一種譬喻，廣演初發菩提心的功德難以說明、難以信解，並說十難，以彰明初發心的功德之大而難可思議。

初發心的功德何以如此之大？因為十住菩薩的發心，不是凡夫的發心，也不是十信位的發心，與三乘方便教絕不相等，是圓教獨特的發心，所以發心的功德不是平常講的功德，而是華嚴圓教的功德，一發心就跟諸佛平等了，《華嚴經．梵行品》說：「初發心時，即得阿耨多羅三藐三菩提。」

十住菩薩是乘法界的本體而發心，是發現了妙明真心。發現妙明真心的人，還會要其他的心嗎？就像是發現了世界上最晶瑩燦爛的寶石，其他的寶石還會要嗎？不會的！所以發了無上正等正覺的心，任何與初發心不相應的念頭，從此不再生起，一發菩提心，就住在一真法界之中。初發心，是何等驚人地可貴啊！

龍樹菩薩有個偷心的故事，正是說明發現真心之後，正念力量的強大：

王后供養龍樹菩薩一個鑲滿鑽石的金缽，一名賊看上了龍樹的缽，一路尾隨龍樹到了間破廟。龍樹吃飽飯後，就將金缽扔到賊所在的窗外，賊簡直無法相信，好像金缽是無價值的東西，於是忍不住問龍樹：「你不曉得金缽很珍貴嗎？」龍樹說：「自從領悟覺性之後，其餘都一文不值。」賊說：「如何領悟連金缽都比不上的覺性？」並說：「我是很有名的賊，什麼都偷得到！」龍樹笑說：「那你可否做到：偷東西的時候，保持覺知、警覺、觀照；如果喪失觀照，就不偷。」賊同意，試了兩週，發現「保持覺知是世上最難的事」。只要想偷東西的當下，他就會立刻失去覺知。不過他嚴守對龍樹承諾，當他保持覺知時，心中偷竊的欲望就會消失，所以最後什麼也沒有偷成。他兩手空空去找龍樹，說：「現在我無法偷任何東西。」龍樹說：「你若想重操舊業，就把覺知丟了！」賊說：「不，那些覺知的片刻很寶貴，我這輩子從來沒有這麼自在、安詳、寧靜、喜樂，整個王國的財寶也比不上。」接著又說：「現在我懂了，領悟覺性之後，其餘都一文不值。我已經嘗到一些甘露的滋味，你一定無時無刻都沉浸在喜悅自在的甘露當中，你能收我為弟子嗎？」龍樹說：「我確實無時無刻都處在覺知之中，當初你尾隨我的時候，我就已經收你做弟子了。那時，你想偷的是金缽；我想的是，怎麼把你的心偷來！」

凡夫為什麼會有那麼多的欲望？因為沒有看過世界上最美麗的寶石。當我們發現世界上最美麗的寶石就在自己身上，怎麼還會外求？發了心，與自己珍貴佛性不相應的法，自然都會捨下，世間的欲樂不再具有迷惑的力量，因為發心的正面力量更為強大——發心，就開悟了！

華嚴小百科

念劫圓融

《華嚴經．梵行品》說：「初發心時，即得阿耨多羅三藐三菩提。」一念發心，就可以穿越三大阿僧祇劫的修行，直登佛地，這對漸教來說是不可思議，但在圓教來看，這是「念劫圓融」。

念劫圓融，是一念可以展開為無量劫，無量劫也可以濃縮成一念，因為圓教是站在佛性的立場看萬法，萬法在佛性中安立，各自具足圓滿無礙的一切。當我們發的是乘佛性而起的善念，這一念是具有佛性的全部力量，所以圓教的一念發心，力量無比強大，可斷過去、現在、未來三際的分別，「三世所有一切劫，為一念際我皆入」。不但超越時間，而且任運掌握時間。

因此，普賢菩薩的廣大行願，盡未來一切劫也不以為久，在一真法界之中，三際一如，延促同時，豈有久遠之難！眾生以為難行、難思，其實是被時空羈束所致。

於世無依無退怯

——第十八〈明法品〉

云何無畏如師子，所行清淨如滿月？云何修習佛功德，猶如蓮華不著水？

〈初發心功德品〉暢明了發心的功德和利益，勸人發大乘菩提心，願行菩薩道；但是發了大心，要如何行持，才能清淨如滿月？出泥如蓮華？

菩薩道是條難行苦行之路，但是發心做為一位大心菩薩，一定要勇猛如獅子，即使於世無所憑依，也絕不能在菩提道上退卻半步！所以緊接著〈初發心功德品〉之後的〈明法品〉，由精進慧菩薩徵問菩薩道的修行方法，說明踏上菩薩道，一定要精進！〈明法品〉可說是行者在菩提道上，足資依循的一條生命途徑、一幅慧命藍圖。

歡喜的正能量

〈明法品〉在《華嚴經》屬於「十住」法門，「十住位」是《華嚴經》的解分，但解分的〈明法品〉會讓人發起想「做」的心，因為〈明法品〉指出了種種菩薩行法，所以讀到此品，會感受到必須實踐，不單是誦經、禮佛、禪修等，更重要的是涉及心性的運作。假如我們發心當菩薩，可以在〈明法品〉中看到浩瀚壯觀的菩薩行法！

古德將菩薩行法分為四種：教、理、行、果：學「教」而悟理，悟「理」後修觀，觀理而起「行」，修行終證「果」，這也是〈明法品〉的宗趣。十住法門六品經的會主都是法慧菩薩，而此品的請法者是精進慧菩薩，意味著：已經住在如來家了，要精進修行啊！

精進慧菩薩問法慧菩薩如何修行？法慧菩薩開演了一連串的妙法，包括：華嚴特有的十度、純熟究竟的安住方法、所行清淨的方法、殊勝的十願……，華嚴境界中廣大無盡的菩薩行法，橫遍豎窮都演說不盡，此品僅能以綱要的方式略述；但在其中有一特殊之處，就是首尾特別點出菩薩「令歡喜」的修行特色：精進不放逸，令如來歡喜；慈悲深智慧，令眾生歡喜。

歡喜，是極強大的正面能量，心理學家大衛．霍金斯（David R. Hawkins）經過二十多年的研究發現，喜悅是極強大的正面能量，能讓自己身心健康，也能帶給眾人、世界平安幸福。他把人的意識映射到一至一千單位的範圍，邪念是最低的頻率，漸高依次是冷漠、懊悔、害怕焦慮、渴求、憤恨、傲慢，這些全都對人體有害。信任是中介點，再往上的頻率就對人體有益，依次是樂觀、寬容、理智、關愛尊敬、喜悅、安詳，喜悅是極高的能量，頻率有五百四十，啟蒙及教化的力量在七百至一千。他遇過最高的頻率是七百——德蕾莎修女（Mother Teresa），當德蕾莎修女走進屋子裡的一瞬間，在場所有人的心中都充滿了幸福，她的出現使人們幾乎沒有任何雜念和怨恨。一千被稱為是神的意志或精神，這是絕對力量的頻率，甚或更高。

菩薩清涼月

喜悅，是每個人都希望的心情，尤其是發了心的菩薩，更希望人人都能離苦得樂。修行一定要有法喜，如果愈修愈苦，自己苦、旁人也苦，肯定是心裡某個部分打了結，執著了。在修行過程中，以喜悅之心自利利他，這種祥和的法喜之境，是華嚴行者行菩薩道時的精神。如何能令如來、令眾生，乃至令法界、虛空界都充滿喜悅的能量？〈明法品〉提供的種種菩薩行法，都是邁向喜悅之道，但其前提必須要明體。菩薩依清淨明覺的心性本體而行菩薩道，現實人生無論遭逢什麼困難，都能自在解脫，因為心是安住在清淨本體：

知一切法，皆是自心，而無所著；如是知已，入菩薩地，能善安住。佛子！彼諸菩薩作是思惟：「我等宜應速入諸地。……常勤修習，無有休息，無有疲厭，以大功德而自莊嚴入菩薩地。」

入十住位的大心菩薩，了悟世間萬象皆是虛妄，因有大心大願，所以不會落入虛無，面對世間的森羅萬象，但問發心清淨與否？不縈繞在人事複雜的是非對錯。深知自性清淨心才是唯一的真實不虛，因而觸境即回歸自心，時刻反觀自心：發心與行持是否與清淨本性相應？是否與菩提心、空性慧、無所得相應？汲取源源不絕的內在力量，心神不散逸於外物上，因而即使是獨自承擔一切責任也不抱怨，精進修習一切清淨道業也不懈倦，於世無所憑依也不退怯，因為內在的心念堅強有力，內心肯認的目標其力量就足以勇猛向前。

以此無作的清淨梵行，精勤修持三大阿僧祇劫、乃至無量劫的一切善法，能莊嚴自身，也令眾生、諸佛歡喜：

心住菩提集眾福，常不放逸植堅慧，正念其意恒不忘，十方諸佛皆歡喜。念欲堅固自勤勵，於世無依無退怯，以無諍行入深法，十方諸佛皆歡喜。

華嚴小百科

諸藏純雜具德門

華嚴宗「古十玄門」中，有一門是「諸藏純雜具德門」，所謂「諸藏」是指各種度到彼岸的波羅蜜法門，簡言之即六度。華嚴於六度之餘，復加方便、願、力、智等四度，合為十度。此門是以一切萬行收攝於一行，謂之「純」；於一行中具足一切萬行，謂之「雜」；純雜不相妨礙，謂之「具德」。若以布施度為例，一切萬行皆含攝於布施度，謂之純；而布施度具足一切萬行，謂之雜；布施度與一切萬行皆可並存融通，法法交徹，功德互相具足，則謂之具德。

發大心菩薩當是「法門無量誓願學」，不過就華嚴「一即一切」的觀點而言，落實在世間可因能力的強弱而有純雜的取捨，只要無厚此薄彼之心，能力強者可因多勞而成就，能力弱者亦能於精純地投入一門，而得其箇中三昧！

第四會

佛在不離菩提樹下及須彌山頂的同時，又上升到夜摩天宮。

安住空性後的再提昇是歷事鍊心，

由功德巍巍的功德林菩薩為會主，說六度萬行的十行法門。

一切唯心造
——第十九〈昇夜摩天宮品〉
第二十〈夜摩宮中偈讚品〉

世尊以威神力，使十方一切世界皆見如來處於眾會，不離一切菩提樹下及須彌山頂，而世尊向夜摩天宮的寶莊嚴殿翩然到來。夜摩天王遙見佛來，即以神力於宮殿中變化了一張百萬層級莊嚴的寶蓮華藏師子之座，恭請世尊上坐。

昇夜摩天宮

夜摩，是梵語，意譯為時分。此天超越須彌山，雖無日月之光，但夜摩天人自身能放光，天界光明常存，無日月的明晦分別，而以蓮華開合為晝夜，故名「時分天」。「夜摩」另有妙善、妙唱、唱樂等意，得生此天是因持戒、教他持戒，故時時刻刻享受不可思議的歡樂，又稱為「善時分天」。此天也稱「離諍天」，三十三天常與阿修羅諍鬥，夜摩天遠離諍鬥故稱之。夜摩天人的身體輕盈潔淨，相親相愛，子女隨念而有，於膝上化生，壽命二千歲，其一晝夜相當於人間二百年。

夜摩天在須彌山的上空，為六欲天的第三層，已離地面，故稱「空居天」；第一、二層天未脫離須彌山，稱為「地居天」。此天之上的諸天雖然都在空中，依空而住，但夜摩天還很接近須彌山頂，不是完全離開「有」，是攝有入空，第四場華嚴法會講十行法門，意味著行持菩薩道須依空而行。

世尊不離本座，也未離開第三場法會的須彌山頂，又到夜摩天宮，這是象徵世尊善應時宜，十方法界只要有適合度化的因緣，世尊都會隨緣化現。世尊隨類應現，有如明月當空，萬水千江都能見月，古德以三舟為例，一舟停住，一舟向南，一舟往北，往南者見月千里相隨，往北者也見月千里隨北，而停舟者則見月停江未移，倘若百千人共觀，則百千月也將各隨其去。世尊不離本座而化現無數，正是千江有水千江月的意象！

破地獄偈

這場法會，十方各有一大菩薩前來參加，法會中，十大菩薩一一讚歎世尊，其中覺林菩薩承佛威力宣說的頌言，古德引為《地藏經》的導言：

譬如工畫師，分布諸彩色，虛妄取異相，大種無差別。大種中無色，色中無大種，亦不離大種，而有色可得。心中無彩畫，彩畫中無心，然不離於心，有彩畫可得。彼心恒不住，無量難思議，示現一切色，各各不相知。……若人欲了知，三世一切佛，應觀法界性，一切唯心造。

——〈夜摩宮中偈讚品〉

《地藏經》前引用這段偈語，據說有一破地獄的故事。《纂靈記》記載，唐武則天年間，有位名為王明幹之人，本無戒行，也不修善，病逝之後，到了地獄，在地獄門前，地藏菩薩教王明幹一句偈語：「若人欲了知，三世一切佛，應當如是觀，心造諸如來。」（此為晉經《六十華嚴》之偈）地藏菩薩告訴王明幹：「誦得此偈，得排地獄苦。」

王明幹記誦已，遂入地獄見閻羅王。閻羅王問王明幹有何功德？他回答道：「唯能受持一首四句偈。」即背誦此偈，閻羅王遂放免。當王明幹誦此偈語之時，音聲所到之處，地獄中受苦之人皆得解脫。王明幹三日後甦醒，憶持此偈，向空觀寺的僧定法師說此事，參驗偈文，方知出自《華嚴經》。

《地藏經》是講述地獄道的種種境相，以及獲得人天善惡果報的因緣，是側重於事相方面。法界萬象，一切都離不開因果，然而在這因果法則當中，左右因果的內在因素是心，一切現象都是唯心所造。心造地獄，心也能造佛境，若能了知一切唯心所造，主宰心念，造佛境界，地獄自空。覺林菩薩稱頌世尊的偈讚，正是宣說萬法唯心的觀念，古德應是為了豁顯這層深意，故於《地藏經》之前加入這段偈語，能破地獄。

誰的罪過？

十行法門是悟後起修的階段，證悟佛性空理登十住位之後，藉由行菩薩道，一方面利益眾生，一方面磨蝕無始以來的習氣。行菩薩道若無攝有入空的心，在五濁惡世行菩薩道，必然會走得很辛苦，有則小故事：

有一群人等著要過河，船夫把渡船從沙灘上推到河裡，河邊的小魚、小蝦、小螃蟹，因為兩岸船隻的往來，幾乎都壓死了。等候乘船的人很多，其中有位秀才和一位禪師，秀才看到渡船壓死魚蝦的情況，就問禪師：「和尚，你看船夫把船推下水的時候，壓死那麼多魚、蝦、螃蟹，你說這是誰的罪過？是乘船的人、還是船夫的罪過？將來殺生的罪業，是乘船的人、還是船夫？」禪師指著秀才說：「是你的罪過。」秀才很生氣地說：「怎麼會是我的罪過？我又不是船夫，也沒有乘船，怎麼會是我的罪過？」禪師喝斥說：「因為你的心，充滿分別煩惱！」

船夫只是渡人到河岸，心裡沒有殺意；乘船的旅客也只是過河，沒有瞋恨、殺生的惡念。他們的無心，像虛空一樣，任白雲、烏雲遮蔽，並不妨礙原本淨朗的天空。秀才妄生是非分別，平添煩惱閒事，評論他人長短善惡，卻不知自己的心，已捲入分別煩惱中。

心如工畫師，能畫諸世間，五蘊悉從生，無法而不造。

罪業由心造，我們的心像工畫師，塗滿青紅紫綠的色彩，而且愈塗愈複雜；想要回復心的純白無染，只要停住內心畫師的雙手，五顏六色自然消褪。任它事來，任它事去，何須讓自己的心，朝也寒雨，晚也冷風，不得寧靜清明！清澈的潭水，不會因為雲的飄過，就永遠留住雲的影子，況且並非飄向自己這湖潭的雲朵，何須自招擾潭！

心如工畫師

所有的苦，都是執著造成的，身體的緊繃、或內心的緊抓不放，只有更添苦痛；放下控制的心，一切現象都自有因緣，強求不得。因緣聚合，自然結果；因緣離散，自然結束。一切的因緣聚散，無論好事、壞事，雖然有著業力因果，但在幕後真正的主導者，是我們的心。

韓國元曉大師（西元六一七—六八六年）為尋師於來訪中國途中，一日走到樹林，已是身疲力倦，半夜口渴，在微弱的星光下看到低窪處有些水，便高興地捧起來喝，覺得清涼甘甜。第二天醒來，卻看到一具腐屍浸泡在泉中，蠕動的蛆啃食著腐屍，他當下噁心不已，卻也豁然大悟地說：「三界唯心，萬法唯識，美惡自我，何關水乎？」覺悟之路，但觀一心，若能體證三界唯心的道理，即究竟解脫。

凡夫都是跟著妄心妄動，雖然希望自己好，卻始終沒有掌握關鍵——自己的真心，總是讓妄心帶著我們的生命起起落落。就像內心不能肯定自我存在價值的人，雖然在潛意識的驅迫下，拚命做了許多希望得到他人認同的事，但是當我們的生命價值不是安立在真心上，一切的思維和行動都是心外求法！妄心會帶著自我形塑出的各種可能，藉以獲取肯定，但是妄心就妄在此心總在虛妄的外相上追求，所謂的外相，不止是外境，也包括非安住在真心的一切思維！當我們的心不是安住在真心上，外境的風吹草動都有可能引爆內心的不平衡處，於是各種執著煩惱和衝突，又紛紛出籠。

悟後起修的十行菩薩，看見了自己的真心，不再被妄心牽著走，雖然還有無始以來的習氣，但是真心的力量打開了，妄念雖然依舊來去，卻不再具有力量，在行菩薩道的過程中，也許剎那間還有貪、瞋、癡的煩惱起落，但是十行菩薩了解這些心念都是虛妄的，不會讓妄心做主，拿回自己真心的力量，任妄念起落，若片雲點太清。《華嚴經》有首很著名的偈語，就出自本會的〈夜摩宮中偈讚品〉：

若人欲了知，三世一切佛，應觀法界性，一切唯心造。

世尊在四場華嚴法會當中，皆不離本座而又同時出現在每場法會的現場，參與不同法會的菩薩神眾，都說佛陀如對目前，這不可思議的神變境界，就是真心的巨大力量！真心是遍法界虛空界，只要有緣現起，就能隨感應現，所以，心是一切的關鍵，而真心更是創造一切的核心祕密！

華嚴小百科

行布不礙圓融

「行布不礙圓融，圓融不礙行布」，是出自華嚴四祖澄觀大師所著的《華嚴經疏》，這兩句點出了華嚴精神，且彰顯華嚴一乘「圓融無量」的實踐觀法。

行布，是指佛教修行層次的位階，菩薩階位一般是：斷一分無明、證一分法身，所以法身菩薩成佛歷程的四十二階位次第分明。但華嚴宗以《華嚴經》佛境界的圓融觀點來看，認為「行布不礙圓融，圓融不礙行布」，因為華嚴圓教菩薩在證入四十二階位的初位之時，就融入圓融法界了，所以能夠體認到四十二階位的行布歷程，並不礙彼此的圓融；圓融法界也展現在每個行布階位之中，位位相攝相收，每個階位都圓收一切階位。

菩薩心腸菩薩行

──第二十一〈十行品〉

《華嚴經》有關十行位的修證，是功德林菩薩在萬尊佛的加持之下，為大眾開演宣講的。萬尊佛的尊號都名為功德林，這意味著：見性證十住位之後，要廣行善業，培養無量無邊的福德。十行位在十住位之後，這又說明行持菩薩道不重在自己做了多少事情，而是重在藉事鍊心。發心為眾生做事的過程中，要能時時回觀、安住於內在的佛性，難行能行，難忍能忍，將凡夫的習性，一點一滴地轉變成為聖性，這才是入十行位的菩薩工夫。

捨身為眾真菩薩

菩薩道的萬行法門，可歸納為十行，十行其實就是十波羅蜜行，《華嚴經》在此之前的法門，或有旁及十波羅蜜，但都未如〈十行品〉明確地以十波羅蜜立起行門，本品可說是《華嚴經》最初依十波羅蜜所立的行門。十行的次第雖有差別，但在行持時，依緣起而廣修任一波羅蜜行，都可相互增長：

（一）歡喜行

初行歡喜行，以布施成就自他歡喜，即布施波羅蜜。

菩薩中的大菩薩，在修習第一歡喜行的時候，為使眾生心生歡喜，廣施自己所有的東西，不生絲毫的悔意與吝惜，不求果報，不計名聲，乃至無量眾生向菩薩乞求布施身肉，菩薩當下割捨身肉，並起歡喜心想：「我得到了善根利益啊！眾生是我的福田、是我的善友，不求不請而來教我入佛法中。」並因廣大慈悲心而發菩提大願：「願我已作、現作、當作所有善根，令我未來於一切世界、一切眾生中受廣大身，以是身肉，充足一切飢苦眾生。乃至若有一小眾生未得飽足，願不捨命，所割身肉，亦無有盡。以此善根，願得阿耨多羅三藐三菩提，證大涅槃；願諸眾生食我肉者，亦得阿耨多羅三藐三菩提，獲平等智，具諸佛法，廣作佛事，乃至入於無餘涅槃。若一眾生心不滿足，我終不證阿耨多羅三藐三菩提。」

初行菩薩安住於本心佛性之中，即使眾生惡劣，嫌棄菩薩布施珍貴的身肉，菩薩也不後悔，因為菩薩三輪體空，不見自身、不見受者、也不見布施物；不見福田、不見業行、不見受報、也不見業果；因為住於如來藏不可思議功德，所以無所施、也無所受，能夠不壞法性，在布施中令自他都歡喜。

（二）饒益行

二行饒益行，以戒律成就自利與他利，即戒波羅蜜。

二行位的菩薩在面對五欲的外境，心中無所染著，他不是為了求取美好的名聲，也不是為了求得富饒的果報，因為二行菩薩了知萬法虛妄不實，速起速滅，故於一心堅持清淨的戒行，並希望一切眾生不為五欲境界所轉，想著如何將貪著五欲的眾生，安置在清淨的戒律當中，使眾生在自心中沒有退轉，一心恆住於如來藏無說、無依、無動的境界。

（三）無違逆行

三行無違逆行，以忍辱成就自他無瞋恨，並能柔和愛語，即忍波羅蜜，又名為無瞋恨行。

三行菩薩修習忍辱之法，於眾生的頑強橫逆，不會厭棄而違拒。他不傷害任何一個眾生，只想著如何讓眾生祛除一切妖邪之法，讓眾生安住在忍辱、調柔的心中，所以就算有無量的眾生化出無量的口，一一口中都說著非善法的言語、深可厭惡的話，詆毀菩薩，乃至無量眾生以無量隻手拿著無量器杖，逼迫傷害菩薩，經無量劫而無休息，三行菩薩一心只想著：「我如果因此心生動搖，沒有安住在如來清淨寂靜當中，那我又怎麼能夠清淨眾生的心念呢？我的身體本是空寂，無我無所，為了自己與眾生都能證得正智的緣故，今天雖然遭受極大楚毒，身毛皆豎，命將欲斷，我也一定要安忍。」

三行菩薩運用種種觀慧令心清淨，而能安忍一切巨大的違逆境界，雖受眾生百般折磨，卻更憐憫眾生、慈念眾生、不捨眾生、饒益眾生，在自得覺悟、也令他覺悟之中，心生歡喜！

（四）無屈撓行

四行無屈撓行，為利益眾生而廣修善法，不屈不撓，念念不息，以精進成就勝德，即精進波羅蜜。菩薩中的大菩薩，對於任何利益眾生的事情，絕不會生退轉心，不僅在過去、現在、未來的三世都奮力而行，且於十方世界亦精進不懈，所以第四行又稱為無盡行。

四行菩薩為了一切眾生而行精進，為了斷除一切煩惱、拔除一切習氣而行精進。如果有人對他說：「菩薩！能否為無數世界的無數眾生，在阿鼻地獄經無數劫、受無量苦，使眾生得遇諸佛出世，乃至入於涅槃，才成就無上正等正覺，這樣子你做得到嗎？」四行菩薩必然答道：「我當然能！」因為能以一己之力，而讓地獄中受苦的眾生，永遠脫離一切痛苦，究竟解脫，菩薩深自慶幸，賺得最大的善利，生大歡喜心啊！

（五）離癡亂行

五行離癡亂行，依定而住於正念，遠離愚癡、虛妄分別，即禪波羅蜜。

在迷惑的世間，種種境界有如大風，讓人狂迷癡亂。而五行菩薩證得禪定三昧，成就正念，了知萬法的出生、安住、消失都是依著真如體性，因而任何迷惑都不能動搖菩薩的心志，菩薩在安住中，三昧定境更增，慈悲願心更廣。

（六）善現行

六行善現行，觀一切法無相，能知眾生、萬法俱空，般若即現前，入無縛無著之門；雖證空而能不捨眾生，善巧智慧而利生救物，即般若波羅蜜。

六行菩薩了悟一切法無真實性，幻生幻滅，因而能示現無所得身、語、意業，徹知法界體性平等，佛法不異世間法，世間法不異佛法，即能普入三世，救護眾生，並持願心：「只要還有眾生常處癡暗，我不獨享光明；只要還有眾生住於八難，我不獨離諸苦；只要還有眾生眾垢所著，我不獨處清淨；只要還有眾生輪迴生死，我不獨證阿耨多羅三藐三菩提。我不願於世間獨醒啊！」所以菩薩會在無量劫中，不斷不斷地實踐菩薩行，永不退轉。雖然願行無盡，但所示現，無性無依，因而永不疲憊。

（七）無著行

七行無著行，遠離一切執著，依二方便而心無所著：迴向心不住生死，拔濟眾生心不住涅槃。方便利生而無所著，即方便波羅蜜。

七行菩薩以不執著心，念念入清淨無量的世界，能攝行所有菩薩行，卻無任何貪念，因為菩薩以諸佛之法觀察一切：他知道法界如同幻化，諸佛如同影像，行菩薩道如同做夢一般，故於念念之中莊嚴一切佛淨土，亦於念念之中捨棄一切佛淨土。見不淨世界無有厭惡，輪涅之間穿梭往返，不顧戀、不沾染，因為心無所著。於佛、於法、於眾生，皆已知曉，不過如夢、如響、如幻化；但仍願做夢中佛事，宣法語音聲，方便度化如幻眾生。不著方所，所以勇入一切國土；不著實際，所以歷盡一切劫波。

（八）難得行

八行難得行，不為一己求安樂，但願眾生悉離苦，發上求菩提、下化利他的大願，無功智現，名難得行，又名尊重行。願事自在，隨意能成，即願波羅蜜。

八行菩薩成就了與佛同體性的如來藏善根，雖然他已經證得空而非有的境界，可是卻如同勇敢的船師，不住此岸，不住彼岸，不住中流，運度眾生，往返無休。若世間有眾生聰明慧解，哪裡不是菩薩行處，因為菩薩對眾生無所冀望，不求一縷一毫，甚至不需要一字的讚美；菩薩捨盡煩惱，唯不捨大願，只向最黑暗迷惑處奔赴，救度最愚癡無智、不知恩報的眾生。菩薩將自己全都給了眾生，不著不留，不取不求，因為一切法皆不可得，然而非無一切法。

（九）善法行

九行善法行，同別教九地法師位，善於說法而成就種種化他善法，得為眾生做清涼池，守護正法，使佛種不絕，為力波羅蜜。以思擇力，能擇正行；所對治之障，令之不起；由修習力，能令善行堅固決定。以此二力，通身、口、意三業之善法。

九行菩薩獲得說法無量之辯才，得總持、能持、能遮之種種陀羅尼。任何時候，任何剎土，任何生類，若來請益，菩薩都能以廣長舌，現無量音，斷一切疑。如此無怖無怯，無斷無盡，為一切眾生對機說法，只為令眾生歡喜；但菩薩未見有一眾生得救度，因為菩薩不以任一眾生為實有。無始以來，眾生與佛不過於此大幻化網中，做大幻化遊戲，然而眾生不明，在幻中愚執造業；佛菩薩則總攝空慧與方便，現種種幻身，大悲堅固，替眾生做橋做燈，示現幻化自在。

（十）真實行

十行真實行，圓融前九行，依性起修，則所修之行，無非真實。以三業利他，說而能行，行且能說，真實不虛，即智波羅蜜。

十行菩薩趣入三世諸佛種性，為了教化眾生成就如來十種智慧，證知一切菩薩行如幻、一切法如化、佛出世如影、一切眾生一切世間如夢；進入猶如因陀羅網、摩尼寶珠相互映射的法界，能於人間做大師子吼，有能力轉動清淨法輪。沒有私心，凡事不會從自己的角度保護自己，心很調柔，並於世出世間的無量行中，了知眾生種種的行業與對治法門，成就種種度眾的殊勝的見、說、行，更發增上心願：「我已得如來十力，我已為人中雄猛，今做大師子吼。若我不令一切眾生住無上解脫道而自己先成阿耨多羅三藐三菩提，則違我本願！非眾生請我發心，我自為眾生作不請之友，令一切眾生先於我前滿足善根，成一切智！我為眾生安住大悲，修行寂滅之法，得佛十力，令眾生絕生死迴流，入智慧大海；為一切眾生護持三世諸佛正法，到一切佛法海，探實相源底。」如此世世生生，念念相續，無有窮盡。

功德林菩薩演說十行法門之後，大地震動，十方十萬佛剎同名為功德林的菩薩讚歎道：「在您說法的同時，我們十方十佛剎一切佛所，也同時在暢演十行法門，承佛神力，為汝做證明！」

十行

菩薩五十二位修行中，第三個十階位名「十行」，菩薩歷經十信、十住修持，已成佛子，佛子修己大體功成，而利他之行尚未圓滿，復須長養利他功行，所以廣行饒益，於利他中更復圓滿己心。行有淺深，十住滿心而初入行位，滿心歡喜，故第一為歡喜行；終至實行有成，故為真實行。行有進趣之義，表示行此行能進向於果；而菩薩萬行無盡，比塵沙還眾，所以用「十」來替代，表示廣大無邊。

十行，依《仁王護國般若波羅蜜經》名為「十止」，於三學中偏重定學；又名「十長養」，表示長養道根，《梵網經．心地品》：「十長養心向果：一慈心、二悲心、三喜心、四捨心、五施心、六好語心、七益心、八同心、九定心、十慧心。諸佛當知，從是十長養心入堅修忍中。」於十行中，長養菩薩聖性，消除凡夫性。

華嚴行海無盡藏

——第二十二〈十無盡藏品〉

華嚴菩薩證入行位的十種法門，不是有量可數的十條行門，而是一行就具足無盡行，十行則是無盡藏行。以無盡心、行菩薩道，即在華嚴重重無盡的境界中，所以〈十行品〉之後，經文緊接著是〈十無盡藏品〉。

〈十無盡藏品〉是功德林菩薩在華嚴第四場法會上，為諸菩薩演說十行法門的最後一品，總結十行法門是無盡法海之門。藏，有含攝、蘊積、出生之義。含藏無盡法海的十藏，具有無盡的功德寶藏，所以稱為「十無盡藏」。菩薩以十藏修持十行，即能於世間一切所作，成就無限量的福德和智慧，乃至究竟無上菩提。

一、信藏

信藏是一切解脫門的基礎，信藏是智慧的信仰，不是情感的信仰，是透過殊勝的理解，產生絕對的信心，毫不懷疑。

《華嚴經》的信心有十個階位，必須修到七信位以後，信心才不會退轉。信心會退的原因，在於我們對法的見地不紮實。具足信藏的菩薩，對法具有如實觀，了解一切法空、無相、無願、無作、無分別、無生、無所依、不可量。也就是說，華嚴的十行法門是建立在深信一切法空的基礎上，當對萬法具有正確的認識和信仰，在佛法上就能紮實生根而不動搖，因為菩薩了解世間的萬法都是不斷在剎那生滅當中，不會因為世間法的變化、毀滅、不如意而對佛法的信心有所動搖。

菩薩以無著之心隨順一切法，一切法則會展現不可思議的無限境界，不僅見聞諸佛、教法的不可思議，乃至眾生和無情萬法也都能親炙其不可思議的本質。十行菩薩面對一切萬法的不可思議，心不恐懼，也不驚喜，因為心無定著，了知一切法的存在都是不可思議的因緣，複雜的因緣構成緣生緣滅，並且互為緣起，形成不可思議的因緣網絡，故能廣納莊嚴無比、或是各種稀奇古怪的境界，因為菩薩深深相信：凡所有相，都是因緣所生法。

當菩薩見一切法空而又能了然萬法具有無窮的變化性，覺悟的信根已然紮深，以此信藏行持菩薩道，常有根本，心不退轉，不可破壞，無所染著，能聞持一切佛法，並為眾生說法而令開悟。

二、戒藏

信藏之後是戒藏。信之後，為何是戒？

菩薩對於萬法本空、卻又具有無盡緣起的變化而能深信不疑之後，需要的是什麼？是知所規範，明白什麼該做，什麼不該做，如此才不會落於頑空，或是雜染緣起。

《華嚴經》各個菩薩階位中的「第二」位，譬如：第二住、第二行、第二迴向、第二地，都是對應「戒」波羅蜜，可見菩薩修道每進升一大階段之後，最緊迫的課題就是學習該階段的規範。

十無盡藏中的「戒藏」，經文提出十戒：普饒益戒、不受戒、不住戒、無悔恨戒、無違諍戒、不損惱戒、無雜穢戒、無貪求戒、無過失戒、無毀犯戒等十條。十戒的內涵，基本上是諸惡莫作，眾善奉行，自淨其意；但更重在心靈規範。譬如第三條「不住戒」，此戒是要菩薩不住著於三界。戒藏所談的不僅是什麼可做、什麼不可做的行為規範；戒藏更重在檢覈我們的心態、精神，是否超出三界？對輪迴、對情愛、對最珍愛的寶貝，是否真能放下、不住著？

一般眾生持守戒律，一方面可以避免無知造業而遭受惡報的痛苦，一方面可以獲得守戒的功德；但是外相的戒律即使持守得再好、再嚴謹，最多只能獲得人天善報，終究是在三界之中，未能超出輪迴；如果又墨守成規、死守法條，那更會被戒律綁死，戒律愈多，綑綁愈緊。

十無盡藏中的「戒藏」，不只是修正行為、口德，更要扭轉心靈，而且不僅於止惡向善的心念轉變，更要徹底地翻轉心態：由貪著世間的輪迴之心，扭轉為不住著任何一法的出離之心，此時的戒波羅蜜，就是朝向解脫之道的無盡藏戒海。所以持守戒藏的菩薩，即使恪守戒律，也不會批評或指責犯戒之人，見破戒者，反而生起強烈的慈悲心，並發大願：

一切眾生毀犯淨戒，皆由顛倒；唯佛世尊能知眾生以何因緣而生顛倒，毀犯淨戒。我當成就無上菩提，廣為眾生說真實法，令離顛倒。

三、慚愧二藏

十無盡藏中的第三、四藏，分別是慚藏和愧藏。「慚」是對自己而言，能清楚覺察自己做了惡事，並由內心生起羞恥之心，所謂「自慚形穢」。「愧」指的是對不起他人，所謂「愧對於人」。慚、愧二字連起來用，有對不起自己、又對不起他人的意思。一個對不起他人的人，往往也會對不起自己，譬如做錯事傷害到別人的時候，對自己的品德也已經造成損害。

印光大師自號為「常慚愧僧」，他是一位人人都認為缺點很少、足以為模範的高僧，但他覺得自己經常犯錯而感到慚愧，聖嚴法師盛讚印光大師的「慚愧」說：「這不僅是謙虛，而且是比謙虛更進一步的修行。」謙虛是自知有所不能、有所欠缺，所以對人很謙虛。而慚愧則是非常積極，因為知道慚愧，所以才能更努力地改進，精進不懈。

慚愧心的生起，有它的先決條件。一個人如果以為自己很好，自認為自己都沒有錯，絕不可能生起慚愧心，因為覺察不到自己起心動念是具有貪、癡等煩惱，不認識驕慢、自卑、猜忌、嫉妒等是自私的我相。當我們不認識自私的我相，便不能契入無我的空慧，也不可能長養同體的悲心。所以，若無慚愧心，智慧和慈悲是不容易增長的。

修行路上最大的敵人就是自己，許多人不太了解自己，因為我們不肯正視自私的我相，我們會用很多藉口美化自己、為自己開罪，其實是喪失了改進自己的大好機會。若能覺照自己起心動念的真實樣貌，勇於面對並承認自私的我相，才有可能跳出自我狹小的框框，證入空性的智慧。所以，慚愧是能反省自我的覺性，是通向無我解脫的基石。

有了慚愧心，再進行懺悔，才是從心改過的真懺悔。每個當下都反省自我：是不是對得起自己、對得起眾生？是不是又起了五毒等煩惱？是不是又落入自私的我相……。每個當下都能生起慚愧懺悔之心，不僅不是糟糕的人，反而應該說是覺知觀照力很強的人，就像是十行菩薩，除了覺照當下的起心動念，並憶念過去生中，造作了許多惡業，心想：「無始世來，與眾生互為父母、兄弟、姊妹、男女，具有貪、瞋、癡、慢、諂誑及諸煩惱，相互惱害，姦淫傷殺，無惡不造；一切眾生都是如此！」因而生起強烈的慚愧心而發願努力修行：「我應專心斷除煩惱惡業，證阿耨多羅三藐三菩提，廣為眾生說真實法。」

四、聞藏

十無盡藏的第五是聞藏，菩薩對於世間、出世間的一切萬法無不知曉，乃至諸佛菩薩、緣覺、聲聞的出現、入滅悉皆了知。法有無盡，《華嚴經．十無盡藏品》

以十法總攝無盡法：

1.事有故是事有；2.事無故是事無；3.事起故是事起；4.事滅故是事滅：這四則是講十二因緣的道理，十二因緣分兩門：流轉門、還滅門。有無明，則起惑、造業、受報，流轉不息；無無明，則一切還歸寂滅。

5.世間法；6.出世間法：菩薩不會以為世間法是有漏法而不學習，為了利益眾生，先以欲鉤牽，菩薩會廣學世間法，但菩薩不會迷失在世間法中；再以無漏的出世間法，引領眾生究竟解脫。

7.有為法；8.無為法：有為法是有所作為之法，依因緣所作為之法。無為法則是無所作為之法，離因緣作為之法，譬如：虛空、涅槃、法性……。

9.有記法；10.無記法：有記法是可以記錄的法，有善、有惡，能招感愛、非愛果。例如：四聖諦、三十七道品等。無記法是沒有意義的法，非善、非惡，不能招感愛、非愛果。例如：世間有邊？世間無邊？世間亦有邊亦無邊？世間非有邊非無邊……。

菩薩了知十法是從多聞得來，因而以聞慧為性，廣學多聞，自利利他。菩薩見眾生於生死輪迴中來來去去，沒有多聞的智慧，不能出離，因而發願修持聞藏，證得菩提，為眾生說真實法。

菩薩修持聞藏的誓願和行動，可說是「法門無量誓願學」；凡夫無力學盡無量法門，不過聞慧對凡夫，具有認識煩惱的作用。

凡夫的特點是整天身處煩惱之中而不自知，認識不了煩惱，還可能認為自己挺不錯，因為世間人很多知見都是顛倒的，世上流行一些錯誤的認識，譬如對名聞利養的努力說成「有上進心」，「執著」當作是褒獎之詞，或是「只要我喜歡，有什麼不可以」的自我意識高漲等。長期非理作意，忙碌一生，最後不但心靈空虛，甚至增加許多新的業障、煩惱。

聽經聞法，就能發現哪些對自、他真正有利，應該實行。對自、他有害的，就是煩惱，應該放棄和斷除。當煩惱出現的時候，凡夫雖然沒有能力進行對治，但是能馬上認識；不會犯了錯還不知有錯，這是聞慧的作用。

五、施藏

十無盡藏的第六是施藏，菩薩稟性仁慈，常行十施：分減施、竭盡施、內施、外施、內外施、一切施、過去施、未來施、現在施、究竟施。眾生只要有求，菩薩無不滿願，金錢、地位、妻兒，乃至頭目骨髓等內外財，一切皆施。布施之後，絕無悔恨之心，也不求果報，因為菩薩無我，一心只有眾生。

菩薩所有物資，分與眾生，此乃「分減施」。菩薩一切皆能捨，乃至不惜性命，則為「竭盡施」。

菩薩不僅布施內外財，對於一切善法也不會貪求執著。譬如：對於過去諸佛菩薩的勝妙功德，不會貪圖；對於現在諸天的快樂境界，不會迷戀；對於未來諸佛所修的殊勝妙法，不會住著。因為菩薩了達一切法並非實有，所以對於過去、現在、未來的一切萬法，皆可施捨。雖然不貪不求，但也不會退失善根，常勤修行，不生厭倦。

假使有無量六根不具的眾生向菩薩索求布施一切，致使菩薩於阿僧祇劫都要承受六根不具的殘缺，菩薩也不會因此而生起一念懊悔之心。因為菩薩觀察身體是由不淨之物所構成，經歷生、老、病、死而消歸於空，臭穢不潔的身體無有真實，菩薩心想：「這個身體脆弱不堪，根本就不堅固。我為什麼要貪戀這個臭穢的身體？現在有布施的機會，應該將它布施給一切眾生，滿足眾生的願求。藉此機會還能開導眾生，以我不貪戀自己的身體為楷模，也令一切眾生不貪愛自己的身體，皆能成就清淨的智慧之身。」這就是修施藏的菩薩所成就的究竟施。

六、慧藏

菩薩廣學多聞各種法藏之後，具足智慧，進一步則能修持慧藏，修慧藏的菩薩就像持有文殊菩薩的寶劍，對於煩惱不僅能馬上覺察，並具有慧力能當下立斷。因為修慧藏的菩薩，對五蘊和四諦的關係有深刻而真實的體悟，了知色、受、想、行、識等五蘊於四諦上皆空，整個世界只有如幻的五種蘊聚，這五種蘊聚時時刻刻都在剎那變動著，無一物是真實不虛，一切都是因緣所生。眾生起惑、造業，所以受報；若無因緣，便無一切法。

菩薩洞悉世間、出世間一切諸法，皆從業所造，沒有絲毫的來去，也沒有絲毫的實質，就像鏡中影像般虛幻不實，沒有一物可執著，也就不會作繭自縛、讓煩惱綑綁自身。內心非常地寂靜，沒有任何躁動不安，因為沒有一丁點可以產生煩惱的因素，即使要產生實執，也沒有可以產生實執的所境。菩薩無所執著而成就慧無盡藏，此智慧藏無窮無盡，教化調伏眾生亦無窮盡。

七、念藏

十無盡藏的第八是念藏，修念藏的菩薩已捨離癡惑，得到具足一切的憶念。修持念藏的菩薩能憶念十種無盡：

1.生的無盡：菩薩能憶念過去一生當中所作所行，乃至無量百千生中的所有事情，歷歷在目，如同昨日。2.劫的無盡：菩薩能憶念一劫、乃至無數劫所有往事。包括：3.佛名：法界具有無盡的佛號。4.授記：無量佛為無量菩薩授記無盡。5.演教：諸佛說法無盡，無盡經文菩薩都能憶持。6.眾會：大眾海會無盡。7.說義：說法的義理無盡。8.根性：眾生有無量無邊的根性。9.所治：菩薩能知無盡煩惱生起的無盡因素。10.能治：菩薩能以無盡的對治力，對治塵沙般無盡的煩惱。

菩薩安住於清淨念中，一切世間法、天魔外道，都無法惱亂他的心；能入一切眾會道場，無所障礙；與眾生同住，無有過失，說法無盡。

八、持藏

十無盡藏的第九是持藏，「持」是受持佛陀所說的教法，包括文句和義理，不但徹底明瞭，而且也不忘失；不僅一生受持不忘失，直至無數生受持，皆不忘失！乃至諸佛名號、劫數、授記、願行等，無盡無量，一生受持，乃至無數生受持，永不忘失，是名持藏。

《釋迦譜》記載：釋迦牟尼佛於無數劫前，在妙光佛的末法時代出家學道，聽到了五十三佛的名號，非常歡喜，合掌恭敬，並傳揚此五十三佛名號，使他人亦能聞名誦持，如此輾轉相教達三千人，此三千人皆至誠誦持佛名，並一心頂禮，以此恭敬稱名禮拜的功德，便得超越無數億劫生死之罪。這三千人次第成佛，即是過去莊嚴劫千佛、現在賢劫千佛、未來星宿劫千佛。而現在十方諸佛善德如來等，也是因為聽聞誦持五十三佛名號的緣故，而於十方世界各得成佛。

受持佛名乃至禮敬，即得具足無量功德，《法華經》云：「若人散亂心，入於塔廟中，一稱南無佛，皆已成佛道。」何況是受持經典、依教奉行，如實履踐佛法，累劫累世，念念不空過，必然功不唐捐！

持藏這種法門，是沒有邊際、沒有數量、沒有窮盡的，因此不容易修得圓滿，也很難達到持藏的究竟處。持藏這種法門具有大威神力，天魔外道不能破壞，無能制伏，是佛的境界，唯佛才能明瞭。

九、辯藏

十無盡藏的第十是辯藏，修持辯藏的菩薩，具足無礙辯才，能為眾生巧說教法，演義啟諦，闡釋世出世間一切諸法，破邪立正，導引迷茫；或說一品法，乃至無數品法；或一日說，乃至無數劫說。劫數可盡，一文一句，義理難盡。隨眾生根機，皆令滿足，是名辯藏。

辯藏是無窮無盡、無分無段、沒有間隔、甚深無底之法，因此，修持辯藏能入一切佛法之門。修持辯藏的菩薩，已成就盡虛空、遍法界的無邊身，因而說法無有窮盡，也不會生起疲倦之心，以法的智慧光明而為眾生演說一切法，能滅除眾生貪、瞋、癡的煩惱垢，生出戒、定、慧的光明，令佛種不斷，清淨心相續。

十無盡藏生起的次第：先起信以堅固道心，而後入道，所以第一是「信藏」。入道行持之初，不求有功，先求無過，所以第二是「戒藏」。持戒或有違犯，深生慚愧，所以第三、四藏是「慚藏」與「愧藏」，人非聖賢，孰能無過？所以慚、愧二藏能挽救眾生犯錯，莊嚴戒行，光潔行者。無過之後，當求有功，但欲累積善業須有正知見，才不至於盲修瞎練，故須廣學多聞，所以第五是「聞藏」。有了正知見後欲行善，首當廣結善緣，布施是最好的方法，所以第六是「施藏」。若能內外皆捨，為法忘私，正慧必定現前，所以第七是「慧藏」。正慧既現前，則求正念增明，所以第八是「念藏」。正念既已清明，必須憶持令久，所以第九是「持藏」。持法既不忘失，要須辯說於他，令自、他二利圓滿，方為究竟，所以第十是「辯藏」。

修持十種無盡藏法門，能證得十種無盡法，究竟成就無上菩提。《華嚴經》說無盡藏，是以全法界為性，故而含攝無盡法海，普入一切佛法之門，具有無盡功德寶藏，能令一切世間所做，悉得究竟無盡大藏。

華嚴小百科

無盡

無盡，是《華嚴經》最大的特色之一，因為《華嚴經》是釋迦牟尼佛成道之後，在禪定中為法身大士開演佛境界的經典。而佛境界之不可思議，其深度、廣度、數量、品類，乃至修行法門……，一切皆是不可限量、無量無邊，唯以「無盡」略可形容華嚴境界，故言「無盡」是《華嚴經》的最大特色，《華嚴經》和華嚴宗常以「十」象徵無盡，二「十」象徵重重無盡。

〈十無盡藏品〉談到華嚴菩薩的無盡行門，含藏無盡的福德和智慧寶藏。眾生若想獲得無盡寶藏，以凡夫心追逐無盡行門，則如夸父追日，疲於奔命，終不可得。佛境界的重重無盡，乃是基於佛性緣起，所以，十行法門的修行關鍵，必須安立於佛性上，以無盡心、行持任一菩薩行，即可稱性而起，一法圓具一切法，如帝網珠的寶珠，珠珠相映，皆可映射一切寶珠的境相，形成重重無盡的圓滿境界。

第五會

十住法門偏空，十行法門偏有，
本會由功行不被摧壞的金剛幢菩薩為會主，
在兜率天宮宣講上下迴向、空有均融的十迴向法門，
由無所執的迴向法門廣大菩薩心如大地。

迴向供養諸如來

——第二十三〈升兜率天宮品〉

佛不離菩提樹下及須彌山頂、夜摩天宮的同時，於第五場華嚴法會，又上升到兜率天宮，兜率天王以莊嚴殿座迎請如來，說頌、讚佛功德，佛即入座。第一場到第五場華嚴法會參與的信眾，皆見佛陀如在目前，不曾離開本座，這是華嚴祕密隱顯的神變境界。

第五場法會的會主是金剛幢菩薩，說法前，入了智光三昧定，宣講十迴向法門。十住和十行階位，出俗心多，大悲心少；而十迴向階位則是迴智向悲，處俗利生。

百萬莊嚴之座

佛陀從第三會到天上說法之後，莊嚴資具一會比一會更加殊勝，尤其是第五場在兜率天宮的華嚴法會，充分顯現佛家的富麗堂皇，古德說：「不讀《華嚴經》，不知佛富貴。」〈兜率天宮品〉可說是典型的代表之一。

兜率天的「兜率」是梵語，意為知足、喜樂，乃欲界六天的第四天。此天的天人非常知足，無論什麼事情，皆適可而止，絕不多求。兜率天分內院、外院：外院屬於天界，是凡夫果報天宮，只管享樂，直到福報用盡；內院是彌勒菩薩的淨土，眾生若能往生內院，受彌勒傳法，即不退轉受六道輪迴。第五場華嚴大法會，釋迦牟尼佛上升到兜率天宮舉行，就是為候補佛位的大菩薩和十方一切大菩薩，以及一切天眾，演說不可思議的上求下化迴向大法。

兜率天王為佛陀敷設的師子寶座，有三百二萬種百萬億層級的莊嚴物周匝圍繞，譬如：百萬億金「網」瑩飾敷榮、百萬億妙「華」香氣普熏、百萬億「樓閣」綺煥莊嚴……。三百二萬種百萬億莊嚴資具，除了富貴嚴麗，並象徵著法義：

「網」表理智行教，「華」表道眼開敷、行華資果，「樓閣」表觀智……。

這張師子寶座是用諸天一切妙寶積集而成，沒有任何力量足以損壞它，即便是天魔外道的能力也不能摧毀它，因為這張寶座是清淨的業果報境：一方面是兜率天王過去修行無量無邊的善根之所成就，另一方面則是一切諸佛的願力和神力之所展現。因此，若能親見這張師子寶座，不僅心生歡悅，且能獲得無量利益：有百萬億位初發心的菩薩，才見此座，倍加增長一切智心；百萬億位灌頂住的菩薩，能現無量如來十力智慧和神通；百萬億位菩薩，聞佛音聲，能廣開悟；百萬億位菩薩，悉能示現如來境界。

掃蕩貪執之供養

諸天神眾見到這張寶座，不僅斷捨了貪著憍慢心，並生起了無限恭敬心，頂禮讚歎、歡喜供養，在天龍八部、天女神眾的虔心供養之下，兜率天宮充滿了花香、樂音、雲彩、華衣、幢旛等的珍奇寶貝。

供養的真實義是上供下養：對上有親近、事奉、尊敬的實義；對下含有同情、憐惜、愛護的心意。或許我們會說，諸佛如來的智慧、福德都圓滿了，還要我們供養嗎？

供養是修行的方式之一，任何一種修行，不是為了別人而做，都是在訓練自己的心性。在法界中，一切的所作所為，即使不是修行，都將還歸自身，何況是修行的工夫！供養這種修行方式，是在消除我們的貪著吝嗇之心，若能布施自己愈珍愛的東西，對自心的鍛鍊就愈有力量，掃蕩貪執之心的力道也愈強！《賢愚經．貧女難陀品》有則動人的供燈故事：

一無所有的貧女難陀，日日在飢寒交迫中度過。有一天，她看到王公貴戚，甚至一般百姓都在殷勤誠懇地供養三寶，她知道，自己過去世就是沒有布施，今生才會如此貧困，因此貧女很想點燈供佛。

她四處乞討，終於化到一枚錢，她拿這僅有的一枚錢想要買燈油供佛，可是一枚錢根本不夠買一盞油燈的量，而賣油的人見她寧願自己挨餓受凍、也要供燈，感動之餘，就給她足夠點亮一盞燈的油量。貧女非常高興，便把油燈放在佛陀面前的眾燈之中，心中虔誠祈願：「我是個貧窮的人，只能用一盞小燈供養佛陀，願此功德讓我來世得到智慧的明燈，滅除一切眾生的愚昧黑暗。」發誓之後，她便頂禮而去。

第二天天亮，所有的燈都滅了，只有一盞燈如新點的一般，非常明亮，神通第一的目犍連尊者，無論用何種方法都熄滅不了這盞燈，佛陀對目犍連說道：「這盞燈不是以你聲聞的力量可以息滅的，因為供養這盞燈的主人所發的心願非常廣大，即使你用四大海水也澆不息，狂風也吹不滅。」

這時，貧女剛好來向佛陀頂禮，當下佛陀就為她授記，說她在二十劫後能成佛，佛號為燈光。貧女得到佛陀授記後，歡喜地向佛陀請求出家，成為僧團的一員。

貧女布施的一盞小燈，卻能勝過富者供養的千千萬盞大燈，為什麼？因為這盞燈是貧女所有的財產，並發了殷重的菩提心願，且是為一切眾生而發。所以，貧女一燈，勝過富者千燈！

供養之心意，終將以之實相還歸自身！

華嚴小百科

最吉祥殿

佛教寺院的大雄寶殿，又名為「最吉祥殿」，此名並非僅取其「吉祥」之意，而是出自《華嚴經》之典故。華嚴第三、第四、第五場法會的首品——〈昇須彌山頂品〉、〈昇夜摩天宮品〉、〈升兜率天宮品〉，分別說明佛陀不離菩提樹下，而同時上升到帝釋天宮、夜摩天宮、兜率天宮；當佛陀進入宮殿之後，三座宮殿的天王承佛神力，皆憶起過去諸佛曾在其宮殿說法，不禁讚歎：

迦葉如來具大悲，諸吉祥中最無上，彼佛曾來入此殿，是故此處最吉祥。

——〈昇須彌山頂品〉

然燈如來照世間，諸吉祥中最無上，彼曾入此殊勝殿，是故此處最吉祥。

——〈昇夜摩天宮品〉

昔有如來名廣智，諸吉祥中最殊勝，彼曾入此金色殿，是故此處最吉祥。

——〈升兜率天宮品〉

走進寺院的大雄寶殿，就是進入「最吉祥殿」，想像曾有十方諸佛都曾海會雲集在此寶殿中，這是多麼殊勝難得！

讓心發光、發熱

——第二十四〈兜率宮中偈讚品〉

世尊未曾離開華嚴四場法會而又上升到兜率天宮，拉開第五場法會的序幕，菩薩天眾歡喜讚歎，富貴莊嚴的供品繽紛雨下。這時，十方國土外的微塵數世界有無量菩薩感召來赴華嚴盛會，在這聖眾雲集的時刻，佛從兩膝輪放百千億那由他光明，普照十方盡法界、虛空界、一切世界。菩薩聖眾不僅親見娑婆世界世尊膝輪放光之神變殊相，亦見十方一切世界如來的神通變化之相。

放光與心光

放光，雖然是佛菩薩神通變化的展現之一，但事實上，光並不是特殊人士用以炫惑的能力，而是每個人都具有的心的質地，佛菩薩只是將心的光明能量展現出來！

密教認為，外在世界的日月星辰，其實是人忘失了自心的光明、拚命向外索求而形塑的物理現象，密教行者修行到某種程度，就可以透過自己的內心境界，盡知外在世界一切天文地理的種種變化。中國傳統天象學也認為，自然界的各種變化，都是人心的反應，所謂「天人感應」是也！人類不知道，自己的心靈能力是超乎想像地強大，山河大地就佛法來說，都是人類自己變現出來的。人類只看到科技文明的偉大、自然景觀的神妙，殊不知自己的內心世界才是真正的巍然壯觀。

當我們的雙眼都在看外境之時，自己的心是否帶著光明醒覺，覺知此刻當下的內外境界？

密教認為，心是明空不二，心是最明亮的光，同時，這光明的本質是空性的；而心的本質是空性的，但它仍是光明的。在心的真實本性明空不二當中，是無偏執的，因為各種善的、正面的念頭和心理狀態，是明空不二；而不善的心理狀態也是明空不二。煩惱是明空不二，智慧也是明空不二，它們沒有不同。我們找不到任何心理狀態或念頭不是明空不二，也找不出任何一個念頭與其他念頭不同。當我們了悟心的真實本性在任何情況都是明空不二，那時就不會再對「自我」有所執著。當我們的心不再被無明掩蓋，就能大放光明；佛菩薩就是掃蕩了一切的無明覆蓋，展現出自性的大光明。

卷舒自在的膝輪放光

當自性光明破繭而出，任運放光就隨意自如了。放光是《華嚴經》獨特的語言特色，華嚴九場法會，如來不以尊口說法，而是透過放光說法，因為華嚴境界是超越世間的語言，所以如來以「果」光加持菩薩，「因」地菩薩的說法智慧和力量就被佛光加持而開啟了。

華嚴的九場法會，如來分別從身上的不同部位放光，皆有其象徵的意義，這場法會佛從膝輪放光，表屈伸迴向。膝蓋是腿部彎曲的樞紐，雙腿因能彎曲而得以前進、後退。所以，佛從膝輪放光，正是象徵上下迴向，迴轉功德與大眾、共同趣入涅槃大道，因而這場法會的說法主金剛幢菩薩，在佛膝輪光的加持之下，開演十迴向法門。

或許我們不能放光，但是讓自己的心發光、發熱，是每個人都可以做得到的。

千江有水千江月

世尊不離每場法會的法座，卻又能上天下地地出現在各處，乃至展現妙不可思的神通變化，這種神妙之境，是佛的法身境界：

譬如淨滿月，普現一切水，影像雖無量，本月未曾二。

佛的境界好像清淨的滿月，明月普現在一切水中，並不是一輪明月分割出好多輪明月，而是「一月普現一切水，一切水月一月攝」。清淨的水面映射明月，無量的淨水就能映射無量的明月，而明月始終只有一輪，沒有兩輪：

如幻所作色，無生亦無起；佛身亦如是，示現無有生。

佛身如幻化所作的形色，「不生不滅，不垢不淨，不增不減」。既沒有生，當然也沒有滅，這就是佛的本體，佛是為教化眾生而示現，其實無有生，所以不要執著佛身、也不要妄生計較佛有多少身，佛身其實是幻現的，月印千江：

千江有水千江月，萬里無雲萬里天。

華嚴小百科

一花一世界

「一花一世界，一葉一如來。」常被人誤以為是出自《華嚴經》，其實不然，可查證的最早出處，是出自清代《益州嵩山野竹禪師後錄》，在禪門語錄中，有數則類似的偈語。這些偈語若要追溯，可溯源至「世尊拈花，迦葉微笑」的公案。一朵花，讓迦葉尊者悟到真理；悟道的關鍵，並不在於那朵花，而是如何穿透那朵花，看見真理。

禪門講機鋒棒喝，而這首充滿禪意的偈語，何以被認為出自《華嚴經》？或許是因為華嚴講「一即一切，一切即一」，所以由一朵小花看見真理，就當出自華嚴圓融無礙的思想了。此外，同屬華嚴系統的《梵網經》有類似「一花一世界，一葉一如來」的經文：「盧舍那住蓮花臺藏世界海（一花一世界），其臺周遍有千葉，一葉一世界為千世界，我化為千釋迦據千世界（一葉一如來）。」雙手握無限，剎那是永恆。一沙一世界，一樹一菩提。……宇宙的奧祕，並非要在奧祕中才能看見，尋常事物中，都隱藏了無盡的密義，只待你我去發現！

迴向如風行於空

——第二十五〈十迴向品〉

金剛幢菩薩由於佛的威力，入三昧大定，十萬佛剎微塵數亦名為金剛幢的佛，湧現其前，稱讚並加持金剛幢菩薩，令他為菩薩大眾廣說十迴向法門。

賢位菩薩的十迴向

迴向，看似修行中最簡單的一個步驟，但在菩薩修學的三賢位中，卻是最高的階位：十住的初賢位、十行的中賢位，到十迴向的上賢位，階位一層比一層高。說法的菩薩則是象徵高顯的金剛「幢」菩薩說迴向法門，意味著迴向法門之高拔。

金剛幢菩薩入「智光三昧」，〈十地品〉則是入「菩薩大智慧光明三昧」，可見迴向法門跟十地法門很接近了，所以過了上「賢」位，即登十地「聖」位。

迴向是佛教很殊勝且獨特的修行法門，《華嚴經》中單單〈十迴向品〉一品，就有高達十一卷經文的分量，其內容之廣博浩瀚，可見一斑，所以，「要能廣大、要能高」的上賢位菩薩，才能修好迴向法門。

上賢位菩薩修持的十種迴向，扼要說明如下：

（一）救護一切眾生離眾生相迴向：菩薩修行六度、四攝、四無量時，平等饒益一切眾生，怨親平等，究竟令得一切種智。

（二）不壞迴向：於三寶得不壞信心，迴向此善根，令眾生獲得善利。

（三）等一切佛迴向：菩薩隨順修學三世諸佛迴向之道，念佛圓滿，念法方便，念僧尊重。雖處居家，與妻子聚，未曾暫捨菩提之心。

（四）至一切處迴向：菩薩修習諸善根時，願此善根功德，至一切處。譬如實際，無處不至。

（五）無盡功德藏迴向：菩薩以懺除業障所起善根，禮敬諸佛所起善根，請佛說法、隨喜功德所起善根，由無盡行迴向，成無盡善根功德，得十無盡藏之果。

（六）隨順堅固一切善根迴向：迴向所修施等善根，為佛所守護，能成一切堅固善根，大悲普濟一切眾生，功德迴向一切種智。

（七）隨順等觀一切眾生迴向：菩薩隨順修行一切善法願，令一切世界，花香供品資生物等，悉皆充滿，以為布施，為令眾生，住不可壞一切智故。

（八）如相迴向：又名真如相迴向；菩薩正法明瞭，志求大乘，勸修一切功德智慧，順真如相而迴向所成種種善根。

（九）無縛無著解脫迴向：菩薩於一切法無所取執縛著，以無著解脫心，行普賢行，修諸功德，出生一切甚微細智，迴向功德，饒益眾生，成就佛智。

（十）法界無量迴向：菩薩以離垢繒而繫其頂，住法師位，廣行法施，利濟眾生，修習一切無盡善根，迴向眾生，願求法界差別無量功德。

普皆迴向

如果把修行區分為身、口、意三方面，迴向的修持不是在身業或口業上的用功，而是在意業上的翻轉。

眾生與生俱來的習氣，就是想將功德利益占為己有，不願與人分享，凡夫的自私觀念，以為自己辛苦掙來的功德，如果迴向出去，豈不就白努力了一場！迴向就是要打破小我的自私心理，將自己所修的功德，「迴」轉歸「向」他人，乃至擴及法界虛空界的一切眾生，藉此扭轉無始以來只為自己著想的私心。

如果是有對象或有目的性的迴向，對凡夫來說並不困難，譬如：迴向怨親債主以解冤釋結，或是迴向家人健康長壽、事業順利等，都是人們樂於做善而勤於迴向。然而，迴向之所以是佛教修學過程中非常重要的修行工夫，並不在於有所求的有相迴向，而是在於藉由迴向——轉變心性。

當我們深陷業力的纏縛或巨大的困難險阻，卻仍奮不顧身、不斷不斷地將善根功德「普皆迴向」之時，心性的拓展就此啟航。

我們平常修持發願，常說「普皆迴向」，在修行裡其實是很討巧的。因為迴向如同播種，小小的種子，卻能結成纍纍果實，以小小的因，成就豐碩的果。自己微薄的力量，藉由「普皆迴向」的心願，轉化為無限廣大的功德，就像一盞微弱的燭火，透過燈燈相傳，自身的燭光不但不會減弱，反而更亮。

當我們了解一切都是因緣法、一切的成就都是眾緣和合，我們就會感恩：感恩眾人、感恩天地、感恩法界一切的有情與無情，在相互的善妙緣起之下，共同完成了善業，在感恩的心念之中，自然會將功德成就歸向於遍虛空、遍法界的一切。當迴向的心念不著於一點，而是飄散於廣漠的虛空之中，如風無礙行於空，風之所靡，普皆清涼！

迴向的目標

迴向也類似「寄存」的概念，譬如錢放在家裡不安全，把它存在銀行，既安全又生息；迴向就有這種作用，即使日後我們生起嚴重的瞋心或邪見，因為功德已經迴向出去，善根不僅不會散失，而且猶如一粒種子落了土，可以生長萬千果實。我們在日常生活中，隨時隨地都應該修持迴向法門，有了一點善美的念頭，或者即使只做了一點點好事，也都可以迴向，就像再渺小的水滴，也能成為巨大海洋；再微弱的燭光，也能劃破千年暗室。

迴向的善業功德雖然浩如煙海，不過迴向的目標可以歸納為三類：

（一）迴向眾生：一切功德都不自私地迴向給眾生，這是大悲心的驅使，因而興發普度眾生、普利眾生之願。

（二）迴向佛果：所有修行功德不為他求，只望成佛，這是用大智慧心來修迴向。修行若是為了自己或親朋好友的世間快樂、名聞利養，這都未離三界。唯有具足大智慧，方懂得迴向佛果、迴向菩提。

（三）迴向實際：唯有得到佛法真理，才能成佛，所以迴向實際理體，異常重要。能修的人、所修的法，都不住相，三輪體空而做迴向，心與真理合而為一，才是最高的迴向。

迴向的方法

由迴向的三種目標，又可以開展出十種迴向的方法：

（一）迴自向他：將「自」所修的一切功德迴向「他」人，如此，既可開拓自己的心胸與氣度，同時學習菩薩念念「利益眾生」的偉大精神。自他兩利，就是「迴自向他」的意義。

（二）迴少向多：以芥子般少許的功德，發廣大歡喜心，迴向法界一切眾生，普獲利益。

（三）迴自因行、向他因行：誠如第三迴向所言：菩薩以自己修行的善根迴向諸佛，而後又將此善根迴向一切菩薩。所謂：願未滿者，令得願滿；心未淨者，令得清淨。

以上三者，是迴向眾生。

（四）迴因向果：將因地所修的一切功德，迴向無上的佛果。

（五）迴劣向勝：菩薩能隨喜凡夫及二乘人所修的劣福，並教導凡夫及二乘人，將陋劣的福德迴向殊勝的無上菩提。

（六）迴比向證：一切修行的善根，皆迴向為證得佛果。

以上三者，是迴向菩提佛果。

（七）迴事向理：事相上一步一腳印的修行都是有功德的，可是希望能更進一步體悟不生不滅的真理，這時可以迴向真理。迴向真理，可將有限轉變為無限，因為真如理體是普遍平等而無限寬廣，所以迴向的功德自然如同虛空界般無窮無盡。有形歸無形、有為歸無為，「迴事向理」也可說是「迴有向空」、三輪體空的迴向方式。

（八）迴差別行、向圓融行：千差萬別的修行功德，若分別孰功德大？孰更殊勝？這樣的修行就讓分別心愈演愈烈。迴向圓融，則可將修行的差別相，藉由迴向消弭分別、轉為圓融無礙的一體觀。

此上二者，是迴向實際。

（九）迴世間、向出世間：在世間修行，若常迴向出世之道，而不是迴向世間幸福快樂，則能捨離世間的貪著，成就出世間的果德。

（十）迴順理事行、向理所成事行：此迴向在理與事上雙順，也就是心懷成佛度眾的大乘心，而能深心不動地行持猛勇無畏的菩薩行。

此上二義，通果及實際。

聖嚴法師於《聖嚴法師教禪坐》說：

迴向的意思是：1.迴己向人；2.迴小向大；3.迴有限向無限；4.迴有漏向無漏。

做任何好事，不論是無形的、有形的，為己的、為人的，均有功德。如果認為該功德只應歸於自己，功德便很有限，因為個人是一個非常有限的存在。相反地，如果把功德迴向給一切人，其功德將是無限地大了；如果做了功德而不執著功德，便是做的無漏功德。

藉由迴向，能讓我們袪除我執、我貪，是「無緣大慈，同體大悲」的精神體現，所以一念迴向心，為菩薩一切行中推為上首。迴向，不但自身的功德不會減少，還能利益更多人，甚至能遍及法界一切眾生，是實踐自利利他、怨親平等之大乘菩薩道的最佳法門。所以《華嚴經》普賢菩薩最後一個圓滿的願行——普皆迴向，到此就一切功德圓滿了。

華嚴小百科

雙迴向

弘揚華嚴的哲學家方東美教授，講解《華嚴經》第五會「十迴向法門」時，提出「雙迴向」一詞，此詞言簡意賅地將迴向的豐富意義含攝為一，成為學界解說華嚴學常用之詞。

方教授有上、下兩層世界的思考：下層世界是汙濁的，故而有志者不斷地向上迴向，願與菩提合而為一；但向上迴向之後，下層世界的汙濁仍在，眾生仍在苦難之中。方教授認為，唯有修練到金剛不壞之身的金剛幢大菩薩，才可以自由自在地出入下層世界，深入地獄而不至於被地獄中的黑暗、罪惡所籠罩；或投到人間，也不至於埋沒在人生痛苦的深淵之中，因此能夠上下雙迴向的菩薩，必然具有行動上的極大自由，自由的特質才是使下界眾生得以救脫的保證；既有得救的保證，則下層世界最終得以被拯救而清淨，而使兩層世界的隔閡得以終止。

第六會

本會以欲界天之頂的他化自在天為會場，
由能生功德寶藏的金剛藏菩薩為會主，
宣講完全利他的十地法門，
這是由賢轉聖、由自轉他的成佛重要歷程。

如空中風相

——第二十六〈十地品〉

世尊在第六場華嚴法會，上升到他化自在天王宮的摩尼寶藏殿，與來自十方不退轉的大菩薩眾，安住於甚深境界之中。其中，金剛藏菩薩為大菩薩眾中的上首菩薩，承佛神力，入菩薩大智慧光明三昧。入此三昧，遙遠國度之外、同名為「金剛藏」的無量尊佛，現於其前，為金剛藏菩薩摩頂加持，欲令金剛藏菩薩為一切菩薩說不思議諸佛法光明。金剛藏菩薩從三昧起，宣說「十地」名目之後，默然而住，不再細說十地的內容。然而十地法門是過去、現在、未來諸佛，不分時間、空間都在講述的重要法門，因而解脫月菩薩再三請法。

菩薩階位中的信、住、行、迴向，代表的是因位的修持；通過三賢位的修行，證得十種聖位之果，所以進入聖位的十地法門，表顯的是果位的成就。十地菩薩的智慧就是佛的智慧，斷一分障礙煩惱，就證得一分佛的真如智慧，所以十地法門是佛境界。果海可知不可說，如空中風相難以描摹，是以金剛藏菩薩在無量尊佛的神力加持下，才能略說少分。

圓融修持五乘教

十地，是菩薩修行過程中，聖與賢的分水嶺；但是聖位的十地法門，卻從基礎的人乘、天乘、三乘開始修起，反而不如地前的住、行、迴向三十個賢位境界來得高妙圓融。何以如此？

其實，這是《華嚴經．十地品》以深不離淺、即淺即深的進路，展示「行布不礙圓融、圓融不礙行布」的深廣道理，提供人間實踐一乘佛道的圓滿藍圖，展示「人成即佛成」的菩薩道精神。

十地的內容是大乘共說，《華嚴經》的十地菩薩是要以佛乘的圓融精神實踐十地，譬如學生（共大乘的十地）與老師（華嚴的十地）都用相同的課本，但其間的差距不言可喻。

十地雖從基礎法門再次起修，但菩薩五位行門各有進程之所重，古德云：

十信中全根力而植佛種，十住中生佛家而成佛子，十行中廣六度而行佛事，十迴向中迴佛事而向佛心。……十地契真如而覆涅槃。

「信」位是培植善根；「住」位則安住於佛性上；安住穩固之後，再大幅開展、廣行佛事，便是「行」位；「迴向」位則行有餘力，更加發願上求下化，追求圓融佛道，但道力仍未充裕；「地」位則是修學圓融之道，已如大地般堅固厚實，並能持守、出生一切無漏功德。所以，十地菩薩雖然再次從人天教起修，但卻是以一乘佛道的圓融精神來實踐五乘之教。

十地的重要性

古來便說：「《華嚴》大經，聽得〈十地〉一品，即可通前貫後。」能通貫

《華嚴經》的〈十地品〉，不僅單獨流通為《十地經》，而且流布廣泛、影響深遠，對印度大乘佛教的發展，不論是中觀學派，還是瑜伽行派，或是對於中國本土佛教思想的發展而言，都是相當重要的經典。《十地經》除了有多種的梵語寫本及版本外，又有漢、藏、蒙、滿、日等各種譯本。而漢譯本中，除了《華嚴經・十地品》外，又有三種別行譯本：《漸備一切智德經》、《十住經》、及《十地經》。此外，世親也著有《十地經論》，南北朝甚至形成地論學派。由歷代頻繁的傳譯實況可知，《十地經》在佛教界是備受重視的。「十地」何以如此重要？古今中外的佛教祖師和學者，為何都為《十地經》做傳譯和弘揚的工作？

佛經是佛陀應機而宣說的教法，由於應機的不同，因而佛經有時單說「空」，或單說「有」；或偏於戒學，或偏於定學，或偏於慧學。〈十地品〉則不然，十地將佛陀一代時教中，菩薩於菩提道所必須修學的一切教綱，悉皆網羅統攝無遺。法藏大師就盛讚十地是「通攝五乘」，即是說明十地所攝的法門周全圓滿，李通玄長者也說：「十地之法，通初徹末一際法門。」其他佛典較少見到這種殊勝的情形，而這也正是〈十地品〉的獨特之處。

〈十地品〉闡明大乘佛教修行者——菩薩——必須徹底修持十地圓滿，方能證得一切智慧及福德；唯有福慧圓滿具足，方能成就佛道。所以，菩薩不歷經十地是無法成佛，〈十地品〉中經文有言：「一切佛法皆以十地為本，十地究竟修行成就，得一切智。」而〈十地品〉各種譯本皆亦點出：十地是一切佛法的根本。〈十地品〉詳細闡述菩薩如何修因趣果，分證菩提，如何實踐十度，成就戒、定、慧三學，經中說得相當清楚分明，次序井然。以下先以簡表呈現十地行持十度而斷除十種重障、證得十種真如，以及所寄顯的乘位和果報：

地名	行持	斷障	證真	寄乘	寄顯報
歡喜地	布施	異生性障	遍行真如	寄人乘	閻浮提王
離垢地	持戒	邪行障	最勝真如	寄欲界天乘	轉輪聖王
發光地	忍辱	暗鈍障	勝流真如	寄色無色界天乘	忉利天王
焰慧地	精進	微細煩惱現行障	無攝受真如	寄須陀洹乘	夜摩天王
難勝地	禪定	於下乘般涅槃障	類無別真如	寄阿羅漢乘	兜率天王
現前地	般若	粗相現行障	無染淨真如	寄緣覺乘	善化天王
遠行地	方便	細相現行障	法無別真如	寄菩薩乘	自在天王

不動地	願	無相中作加行障	不增減真如	顯一乘	二禪大梵天王
善慧地	力	利他中不欲行障	智自在真如	顯一乘	三禪大梵天王
法雲地	智	於諸法中未得自在障	業自在真如	顯一乘	摩醯首羅天王

華嚴小百科

鳥道

鳥道，是禪宗洞山良价禪師（西元八〇七—八六九年）指引學人，悟入佛性的善巧方便之一，以「鳥行於空中，了無痕跡」，來象徵佛道的修證方法。想要契悟佛性，若有一絲的染著，也難以契入真理；若要尋得本來面目，當如凌空而過的飛鳥，無迹可尋，無所染著，則佛性自顯。

禪宗的「鳥道」譬喻，與《華嚴經．十地品》金剛藏菩薩形容十地的境界相仿：「如空中鳥迹，難說難可示；如是十地義，心意不能了。」十地位已進入果海境界，佛境難以思議，如空中鳥迹，無迹可尋；但又不可說無。十地亦然，以空攝迹，迹不可示；以迹攝空，空亦非無。

鳥道，是禪宗直指心性的方法，「空中鳥迹」則是《華嚴經》十地境界的譬喻，或許洞山良价禪師是受到經典的啟示，抑或許是無師自通，無論如何，都指不可言傳，但又非空的佛性境界。

歡喜捨得的初地菩薩

——第二十六〈十地品〉

菩薩歷經一大阿僧祇劫的修行，初證聖性，得到了從未曾有的出世之心，嘗到了從未曾有的離戲之樂，觀察如來所有的一切功德，自己都有分，得未曾得，能得能成，心裡生起無限的歡喜，所以此地亦名極喜。

斷惑——斷「異生性障」

初地菩薩所斷的是「異生性障」，「異生」就是異於聖性的眾生，也就是凡夫，凡夫有我、法二執，執著「我」則有煩惱障，執著「法」則有所知障，二障又有分別和俱生二種。分別的我執和法執形相比較粗，菩薩經由我空觀、身空觀和法空觀，在初地見道時一時頓斷，證得人空和法空，和凡夫性不同了，是聖位菩薩。

一般二乘只斷煩惱障，聖位菩薩則斷煩惱障和所知障。

俱生的我執和法執形相比較細，要證地見道之後，勝解法空性，深細抉擇，數數不斷修行當中，才能分分斷、地地斷。初地菩薩對於俱生的我、法二執只能伏現行，直到十地菩薩要成就聖位功德圓滿、進入最後的金剛心時，才能斷盡。所以初地之後至第十地，再經二大阿僧祇劫而成佛。

證真——證「遍行真如」

進入歡喜地的聖者，分證無上菩提，所以也可稱為分證成佛。分證了佛之法身，以般若為母，方便為父，就像是誕生在佛陀家中，從此能荷擔佛的家業，紹隆佛種不斷，真是佛子，「生諸如來家」，歡喜不已。

初地菩薩見一切眾生因分別執著而為苦所迫，因而發起大願悲心，其所生起的菩提心是與法性相應，此時，世俗菩提心已轉為勝義菩提心，成為真正意義上的菩薩。就菩薩所修的行持來說，當然是自利利他，廣修六度、四攝、無邊法門；但經中就特勝的意思來說，初地菩薩的布施功德最為殊勝，對於內身、外財無一不捨，初地菩薩圓滿了布施波羅蜜。

初地菩薩是歡喜地能捨一切，因為他是無施者、無受者、無施物的「三輪體空」的無執布施，所以灑脫自在、恬淡怡然，總是散發著喜悅的氣息。雖然他的心地如此自在柔軟，卻相當勇猛精進，因為他看見佛性，知道自己多麼接近圓滿；因為他無執，更能體會眾生因為執著而作繭自縛的痛苦，所以他為自己、更為眾生而勇猛修行，立下十種不可窮盡的大願：「若眾生盡，我願乃盡；若世界、虛空、法界、涅槃、佛出世、諸佛智慧、心所緣、起智、諸轉盡，我願乃盡。而眾生實不可盡，世界、虛空、法界、涅槃、佛出世、諸佛智慧、心所緣、起智、諸轉實不可盡，我諸願善根亦不可盡。」

為了圓滿無量心願，歡喜地菩薩勤行精進，如鍊真金，數數入火，成就無有一法而不在的「遍行真如」理體，獲得利安心、柔軟心、調順心、寂靜心、不放逸心、寂滅心、直心、和潤心、不恚心、不濁心。

由於通達法空性，歡喜地菩薩不再有「不活畏、惡名畏、死畏、惡道畏、大眾威德畏」的種種恐懼，而能成就多歡喜、多淨信、多愛樂、多適悅、多欣慶、多踊躍、多勇猛、多無鬥諍、多無惱害、多無瞋恨。

十地菩薩每一地聖者的功德都非常廣大，初地菩薩多做閻浮提王，能動百佛世界，初地菩薩常寄於人乘來顯示修行，多在世間擔任領導者，他們既能承擔重責大任，又能悠然自得於其間，能提起、也能放下。

放下，就能歡喜，就能成就大事業，也許這就是寄位人乘的歡喜地菩薩以布施波羅蜜為特勝行持的祕訣吧！

華嚴小百科

圓漸教

民初，太虛大師提倡「圓漸教」的人生佛教，認為「人圓佛即成」，在菩薩道的學習上，強調初機漸進，不注重頓超；在人群生活上，提倡重重無盡之法界緣起的互助進化論，人生佛教表現出由漸教通向圓教的風格，對《華嚴經》的詮釋也相當注重漸進的一面。

《華嚴經．十地品》前二地菩薩的行持，是以人天乘的十善法為實踐基礎，正表現出華嚴圓教隨順人天乘的漸教表現，也就是人生佛教所強調的「圓漸教」精神。其實，古德本判《華嚴經》為圓頓教兼大乘漸教，《華嚴經》本身也包含了圓漸教的一面，只是中國傳統佛教偏向強調圓頓教的一面。

初地以菩薩精神修行「人乘」法門，就是要將華嚴的圓融精神帶入人間漸次的修持中，以三輪體空的無礙布施做為圓漸教聖位修持的開始。

離垢清涼的二地菩薩

——第二十六〈十地品〉

二地菩薩具足清淨「尸羅」，「尸羅」是梵語，正譯為「清涼」，旁譯為「戒」。眾生被煩惱塵垢所染汙，致使身心擾亂不安；「戒」能止息熱惱，故稱清涼。二地菩薩具足清淨戒，遠離能夠引起「誤犯」淨戒的微細煩惱塵垢，所以名為「離垢地」。

離垢斷障——斷「邪行障」

「離」有三種意義：

（一）因離：是指遠離能起「誤犯」（微細毀犯）煩惱的「因」心。眾生都是由惑起業，所以說惑為因，惑是煩惱的別名，能起煩惱之心，也稱為惑心，分粗、細兩種煩惱，由這兩種煩惱形成兩種犯戒的行為：

1.因粗煩惱而起「故犯」之心。

2.因細煩惱而起「誤犯」之心。

二地菩薩遠離能起「誤犯」的細煩惱，何況是能起「故犯」的粗煩惱，決不生起！

（二）果行離：遠離犯戒等的業「果」和因「行」。

（三）對治離：即清淨戒具足。這是由於心無穢濁，內外清淨，所以自能除滅諸惡，破煩惱垢。

初地菩薩見了道，依佛性開始勤修三學，戒在最初，所以進入二地，主要彰顯清淨戒具足。初地菩薩已證得遍行真如，並非不持戒，只是仍須作意思惟，經由揀擇而守護戒律，能離粗大煩惱而起的「故犯」之心；但是還不能做到沒有「誤犯」之心。

二地菩薩具足性戒成就，這是因為初地之前，經過一大阿僧祇劫修習持戒波羅蜜，久積成「性」；再者，邪行重障和二種愚已經斷除，每一地都要斷一個重障和二種愚，愚是比較細微的障礙，一是微細誤犯愚；一是業趣愚，這是在犯了以後會發動身、口、意三業去做，做了之後招感惡果。二地斷的重障是「邪行障」，邪行障是所知障中俱生一分及其所起誤犯的三業，離垢的「垢」即指邪行障以及由邪行障所起的二種愚及其業果。二地斷除這些垢染，所以能成就自性戒，不必刻意提高警覺，任運自然就無誤犯。

每一地都要持戒，但在二地已遠離微細煩惱而起的誤犯之心，乃至夢中也不會犯戒，不被煩惱塵垢所染汙，所以二地是戒波羅蜜圓滿之位。

證如得果——證「最勝真如」

菩薩所受持的戒律，以菩提心為根本，離垢地菩薩以十善來概括所持守的戒條，更加具體而扼要。〈十地品〉敘述十不善行感得的果報，如表所列：

十不善行		投生惡趣	投生人中	
身	殺生	地獄道 畜生道 餓鬼道	短命	多病
	偷盜		貧窮	與人共財不得自在
	邪淫		伴侶不貞良	不得隨己意的眷屬
口	妄語		多被誹謗	被人欺騙
	兩舌		眷屬離散	親族粗惡
	惡口		常聽到不好的語言	常有諍訟之事
	綺語		說話得不到信任	語意表達不清楚
意	貪欲		內心常不滿足	欲望多而不斷追求
	瞋恚		常被他人比較長短	常被他人惱害
	邪見		生在邪見之家	心思諂曲不正

離垢地菩薩見眾生造十惡業，心墮邪行，故於入、住、出三心中之住心修十善業道。十善是生欲界天的主因，不僅世間的人天福報來自十善，出世間修行的解脫、成佛，也必須以十善為基石。若以智慧修習上品十善業道，但內心缺少大悲願力，只求個人解脫，成為「聲聞乘」。若依上品十善業道，修治清淨，心量廣大，

涵容一切眾生，成就廣大的菩薩行，終將達到無上的佛果。

不論人天或三乘，皆因十善而成就。十善業道，可說是徹始徹終的德行，世間、出世間的根本，差別是以何種心量持戒修行，心量廣大，以眾生心為心，祛除我執，是真正的清淨持戒。

佛在《大寶積經》告訴大迦葉：如果有人勤守戒律，對於小罪生大怖畏，不敢有所毀犯，身、語、意業皆悉清淨圓滿；但卻認為有「我」，有屬於「我的」，這樣的人看似善於持戒，實則是破戒之人。

若未覺察自己是以我執為出發點，有時候的「發心」其實是包藏禍心的糖衣，自欺欺人而不自知，依己意就積極努力說是「發心」，不依己意、不願意做就說「不執著」。〈十地品〉的離垢地，具體呈現菩薩應有的人格形象，以廣大心量的菩薩境界修學十善，讓人感受到真正的菩薩品格，就像靈童從小就展現出愛護小動物的慈善性格。

離垢地菩薩圓滿十善，即是斷除身、口、意可能誤犯的「邪行障」。斷了邪行障之後，證「最勝真如」，此一真如最為殊勝，因為它可以阻斷破戒的過失，成就無邊的勝德。

離垢地菩薩寄位欲界天乘之時，多做轉輪聖王，轉輪聖王具足四德、七寶。輪王有四種：鐵、銅、銀、金，通常說的轉輪聖王是指金輪王，以正法御世，有自在力，能除眾生破戒之垢，以善方便，令其安住十善道中；為大施主，周遍給濟，諸所作業，念佛、法、僧。

華嚴小百科

華嚴初祖杜順

華嚴宗初祖杜順和尚（西元五五七—六四〇年）是位傳奇人物。孩童時，在家屋後的墳地說法，聽法者皆悟入大乘，後人稱該地為「說法墳」。十八歲出家，很快成就，雲遊天下，廣度眾生。

唐太宗耳聞杜順和尚的高深德行，問他：「我身體不舒服，您用什麼神力替我治病？」杜順答：「您為了治理天下勞心憂慮，只要大赦天下，病自然就好。」太宗依之，果然痊癒，賜號「帝心尊者」。

杜順一生弘揚華嚴，後期隱居終南山，著作感得海會菩薩現身讚歎；為了驗證文章是否契合佛心，將書投到火裡，結果完好無損。

傳言杜順是文殊菩薩的化身，有弟子親近很久，不知他的偉大，一日告假，欲朝五台山禮文殊，杜順贈偈：「遊子漫波波，臺山禮土坡，文殊只這是，何處覓彌陀！」弟子不會意，至五台山腳，老人謂之曰：「文殊今在終南山，杜順和尚是也。」弟子返寺時，大師已坐亡，享年八十四歲。

初綻智光的三地菩薩

——第二十六〈十地品〉

菩薩一登三地，就會發出赤金色的智慧之光，《入中論》頌曰：「入此地時善逝子，放赤金光如日出。」因為三地菩薩所顯現的智慧，就像黑夜離去、陽光乍現之時，會先綻放赤金色的光明，所以三地名為「發光地」。

斷惑——斷「暗鈍障」

發光地菩薩透過聞法及修定，慧力增勝，火一樣的光芒煥發，能除諸冥暗。如於佛法的不明，此刻就能除去；又能入深定，邪貪、邪瞋、邪癡等暗蔽不會再起，心光也就更明淨了。

菩薩在二地滿心時，親證猶如光影的現觀成就，開始可以自如掌控心性：迅速清淨心中的染汙種子，或是先在別的部分努力，放慢清淨種子的速度，全都可以由自己控制。當我們能夠自如地掌控心性，表示遮障開始消失，光明性出現，並能發出各種功能性，這時就進入第三地，成為發光地菩薩。

菩薩進入三地以後，主要是修學四禪八定、四無量心、五神通。三地菩薩修學這些境界很迅速，為什麼會很迅速？因為三地菩薩在初地時，所應修的增上慧學和布施波羅蜜的福德已經圓滿具足，譬如禪定所需要的環境，三地菩薩自然就會擁有清淨安靜的環境讓他好好用功。而且，他能自如地掌控心性，即使攀緣心現起，也能安住禪修。因此，初地、二地所證得的福德和智慧，能使三地修學禪定等的行門，快速地成就。

初地主修是增上意樂、能入百法門，二地主修是增上戒學，三地則以增上心學為主。增上心學就是三地所修的四禪八定、四無量心、五神通等，皆須依二地增上慧學加以現前觀察。除了增上心學之外，三地菩薩繼續進修增上慧學，將二地所入的千法門加以深入細觀，也就是進修萬法門，成就三地道種智。如是地地增上乃至十萬法、百萬法門，這樣一直往上進修，直到九地滿心證得總持門為止。

三地菩薩因禪定功力而產生能夠總持、不忘失所學的慧光，破除了暗鈍障，斷除欲貪習氣愚及圓滿聞持陀羅尼愚。暗鈍障是俱生所知障中的一分，會讓我們修習佛法的聞、思、修忘失，聽聞佛法容易忘記，思惟佛法想想又忘記，修行之後也會忘失，障礙勝定總持及其所發的殊勝三慧，而菩薩修至三地則能永斷暗鈍障。

證真——證「勝流真如」

三地菩薩見眾生忘失聞、思、修三慧的照法光明，所以暗鈍，因而發起深廣心如法修行，當慧光發出，即斷暗鈍之障；由於智慧極利，知一切法如幻、因果不虛，及以大悲心故，堪忍菩薩道中一切難忍、難行之行，十度中圓滿忍辱波羅蜜。以忍辱而得禪定、神通等諸功德，以定力得總持法，依總持定力所證得的真如是「總持真如」，總持真如就是總持一切教法所流，名為「勝流」，因為這些教法都是由真如流露出來，是一切教法中最殊勝的，所以是「勝流真如」。

發光地以菩薩境界修行「色界天、無色界天」的法門，雖然修世間行，但無欣樂貪著，具足四禪八定，其定光明如鍊金法，能伏欲界俱生煩惱事，多做三十三天王，居須彌山頂，以大方便教化眾生及天眾，捨離貪欲，住於善道。

總說前三地，都是寄位在世間行，就是以修世間的福慧為主，前三地分別是布施、持戒以及禪定和忍辱。前三地以菩薩境界修持人、天二乘法門，這意味著世間菩薩道也是成佛之道，關鍵在於是否有著菩薩心。

有人說現在的社會很「黑暗」，其實「黑暗」是人的心地黑暗，是本性中的智慧光明無法顯發出來。不僅沒有照到外面，也不曾返照自心，這就是凡夫。凡夫本具佛性，只是被無盡的欲望所遮蔽，因此無法發光；若要使它發光，就要堅忍，凡夫因為無法忍受境界的誘惑，所以生起迷癡貪著，在五欲六塵中被貪、瞋、癡等煩惱牽著走，於是就走入三界，輪轉不休。

前三地菩薩同樣是在世間修行，天上人間其實都擺脫不了五欲六塵，但是菩薩在世間直下斷惑、證真，不假他處，成就地上功德，他們示現了如何在世間修行而得成就。同樣修持人天善法，人人會做，不學佛也會做；但是只有地上菩薩斷惑證真，因為他們深知萬法空相，棄厭世間，欣樂佛智，心地高曠，不染塵惑，以覺悟的真如心做一切事，真如所流，處處見真，處處受益！

華嚴小百科

華嚴二祖智儼

華嚴宗二祖智儼（西元六〇二—六六八年），俗姓趙，甘肅天水人，生於隋文帝仁壽二年。十二歲時，杜順親臨其府，收為弟子，後與兩位梵僧學梵文，甚為精通。十四歲出家為沙彌，至北方習攝論學系的《攝大乘論》，不到幾年便洞解精義。二十歲受具足戒後，到處參學，深感佛教經典和派別雜多，難以遍學，在經藏前發誓專研一經，信手探取，獲得《華嚴經》第一卷，決定專學華嚴。

智儼二十七歲撰就《搜玄記》，精研六相的義理，提出十玄門的詮釋系統，確定華嚴一乘的地位，建立判教論，解決多年來經論教派之雜多、衝突的疑問。後在長安雲華寺講說《華嚴》，宗風大振，《續高僧傳》稱他「神用清越，振績京皋」，可見當時的盛況。時人稱他為雲華尊者，或至相大師，法藏（華嚴三祖）此時投其門下。智儼六十七歲在清淨寺圓寂，為華嚴宗教義的奠基者。智儼所撰義疏共有二十餘部，章句雖很簡略，解釋卻很新奇。

慧光熾焰的四地菩薩

——第二十六〈十地品〉

三地菩薩透過聞法及修定，慧力增勝，火一樣的光芒煥發，名為「發光地」；四地菩薩的慧力更為熾盛，名為「焰慧地」。三地與四地都是慧光四射，但三地是因定而生慧，是世間禪定增上；而四地則是主修三十七道品，是出世慧增上。

十地菩薩的修習歷程分成兩大部分：前三地修習世間善法——布施、持戒、禪定，四地開始修習出世間善法。

斷惑——斷「微細煩惱現行障」

四地菩薩最讓人稱讚的，是他無比的精進。因為精勤的修習覺分，以大智慧觀三十七品助道法，於四正勤、四神足、五根、五力、七菩提分、八聖道分，一一開解，火焰似的慧光，熾盛起來，依我見而來的著我、著法，種種愛著，都成為智慧火焰的薪木，強猛的智慧火焰，將所有的煩惱薪材燃燒殆盡，所以叫「焰慧地」。焰即慧焰，即是以慧光燃燒煩惱。

四地以菩薩境界勤修「須陀洹」等的法門，須陀洹是見到聲聞法的真實義的「見道位」，聲聞法就是佛針對如何超越三界之苦所做的開示，修三十七助道品，觀察身、受、心、法，四處無常、無我而見道，經云：

菩薩住此焰慧地，所有身見為首，我、人、眾生、壽命、蘊、界、處所起執著，出沒思惟，觀察治故，我所故，財物故，著處故，於如是等一切皆離。

在見道位，斷「人我執」中的「見惑」，見惑是在認識上執著自我的迷惑，以「身見」為首。之後，經由歷事鍊心，針對貪、瞋、癡、慢、疑等的「思惑」，也就是在事物上由於執著自我而有的迷惑，深入內心煩惱而做的修行。

初地菩薩雖已見到人、法二空之理，但於四地仍多修習人空之慧，四地不只是在見理上用功，更於思習上精進，使煩惱不起現行，因而斷「微細煩惱現行障」，此煩惱特別是指三地所得的總持法而產生有所得的法愛與慢心，以及對禪定所生的愛著等的微細煩惱，因極其微細，又是俱生（與生俱來），所以三地的智慧和定力也無法除去；直到四地，始能以菩提覺分的智慧猛火烈焰，燃燒焚毀。

四地主要是祛除三地的「定愛」和「法愛」，但是與生俱來的煩惱難以斷盡，菩薩在尚未成佛以前，仍有一些俱生的煩惱，必須透過一地一地的修行而慢慢祛除。

證真——證「無攝受真如」

十波羅蜜中，四地菩薩主要修持精進波羅蜜。一切功德皆由精進而生，因為精進度通五度：前三度為福德資糧增上，後二度為智慧資糧增上，精進能使福、慧二資糧圓滿。四地菩薩以大乘心行，修共三乘的出世善法，勇猛精進，使菩提分法的出世慧光更加明淨，如摩尼寶珠放大光明，其他寶珠的光彩皆不能及，風雨等緣的魔障煩惱也不能壞，所以「焰慧」也是譬喻四地菩薩所證得的熾焰智慧。

我們的心若沒有貪執和汙染，自然就能散發清淨的光芒。三地菩薩以忍辱波羅蜜，降伏各種貪執，心地開始清淨、光明，是為「發光地」菩薩。不過修行是需要恆常時間都能忍耐、精進，才能有所成就。四地菩薩成就忍辱波羅蜜的功德，成就身心調和柔順的品德，得到常、樂、我、淨的寂滅之樂，再不斷地精進修持，晝夜匪懈，不懈怠、也不操之過急，不疾不徐，沒有任何力量可以阻礙他或破壞他的精進，不但自己修菩薩道，也發願攝受無邊眾生，令一切眾生的善根成熟。焰慧，不只是智慧光明返照自身，並將光芒向外發散照亮。登上焰慧地，就能到達明淨的彼岸。

四地菩薩初斷與生俱來的俱生身見，內心充滿無限歡喜。十方諸佛親自護念四地菩薩，生於如來家，永不退轉。更以大慈心，知恩報恩，內心充滿感激之心。多做夜摩天王，統領天眾，隨所應度，不失於時。以善方便，除滅眾生惑業垢染，令住於正見。一切所作，不離佛、法、僧三寶，證入無所繫屬的「無攝受真如理體」，得無漏定及無漏教。

「無攝受」是指不被六塵而引動我執，不為我執所攝受，就如《金剛經》所云：「不入色、聲、香、味、觸、法，是名須陀洹。」四地菩薩於道品寄位初果須陀洹乘，是示現出世法的開始，面對任何境界都能如如不動；四地菩薩若發勇猛精進心，於一念之間，便得入於億數的三昧正定，見到億數尊佛，震動億數的世界，乃至變化億數化身。四地菩薩的境界，已是超越世間，任運自在了！

華嚴小百科

華嚴三祖法藏

華嚴三祖賢首大師（西元六四三—七一二年），名法藏，別封國一法師、香象大師、康藏國師。其母夢吞日光而懷孕。賢首大師俗姓康，其祖先是康居國（新疆北境至俄屬中亞一帶）人，曾祖是康居國的宰相，唐太宗賜其父為左侍中，家世淵源優秀。

賢首大師十六歲在岐州法門寺前燃一指供佛，發願契悟佛乘。十七歲，他到終南山求法，聽說智儼大師在雲華寺講《華嚴經》，從此受學於智儼大師，深得器重，智儼大師圓寂時言：「法藏用意華嚴，可紹隆大法，應使出家。」二十八歲，賢首大師為京城耆德連狀薦舉，剃度為僧，雖為小沙彌，已奉詔在太原寺講授《華嚴經》。三十二歲，武則天命京城十大名僧為他授戒，賜號賢首，從此廣行譯經、講說和著述等佛法事業，並應求雨、求雪、救災、禦侮，靈異感應，不計其數。

賢首國師的著作很多，主要繼承華嚴宗初祖、二祖的思想，組織教理體系，將華嚴宗發揚光大，故世稱其為華嚴宗三祖。

難修難勝的五地菩薩

——第二十六〈十地品〉

十地菩薩當中，前三地是修世間福慧，第四地至第六地，則是修共三乘的出世善法。四地是寄位初果，五地則是寄位四果阿羅漢。四地以證三十七道品，得出世智慧為主；五地則能融通真俗二諦，得到相應的智慧，具足攝化眾生的五明善巧方便。

難．難．難

看到「難」字，就知道要當五地菩薩很不簡單。難勝地菩薩徹底體會到苦，藉由根除苦的原因，觀修四諦，達到真俗不二。四地菩薩雖然出離，卻隨緣不足；到了五地，菩薩斷除聲聞、緣覺聖者滯礙於涅槃的障礙，在「空」與「有」的翹翹板上，找到微妙的平衡點。「平衡」，最是難修難勝，而且世間一切天魔都是五地菩薩的手下敗將，所以說「難勝」！

為什麼叫難勝呢？這是經過最極艱難才能夠到達的。從初地現證法空時，盡滅一切戲論相，所以說：「般若將入畢竟空，絕諸戲論。」等到從證真定而起時，有相又來了，或是無分別後得智，或是善分別慧，所以說：「方便將出畢竟空，嚴土熟生。」此時，雖說能了知諸行如幻，其實是依勝解力，不是如實現見的。因為在所知境上，似有實性——戲論相——的現前，不過經過般若的現證空性，依性空慧的餘力，能了解是無性如幻而已，如同：仰觀天上的雲駛月運，知道是浮雲的移動，不是明月的推移，但根識的感官經驗上，覺得是月亮在動；不過經意識的判定，知道是雲動而已。五地以前的菩薩心境就是這樣，見性空時，離一切相，不見一切法。等到了達法相時，又離去空性的證知了。一直是這樣的空、有不併，互相出沒。由於空慧的不斷修證，般若力更強，這才能在現見一切有為法時，離去戲論的實有相，真的能雙照無自性的幻有，與幻有的無自性空。這才真是真俗無礙，空有不二。這是經過不斷不斷地修習而達到的，所以極為難勝！

初地的現證空性，是凡聖關；五地則通過了第二關，可說是大小關。因為現證空有不二，才不會於生死起厭離想，於涅槃起欣樂想；真的能不住生死，不住涅槃，也就超出小乘聖者的心境了。

難勝，除了表徵二諦真俗圓融，也有「魔不能勝」的意思。一般說來，在資糧位與加行位就能降魔，但此時不是單憑自己的力量，尚需佛力加持。初地菩薩雖可與魔王對抗，但定力不深，一旦出定，就被魔王所擾，不能說是難勝。五地菩薩圓滿靜慮波羅蜜，定力深厚，任何外在的魔王，無論是天魔、陰魔、死魔，還是煩惱魔，均無法戰勝。

斷惑——斷「於下乘般涅槃障」

四地菩薩多行善道，以清淨心精進修行，除身執、我執，雖然斷盡「見、思二惑」，證入「偏真涅槃」；但偏於出世而不能善巧入世，滯礙於有餘涅槃，樂於獨善寂靜。五地菩薩因此發慈心，在內外循身觀空的基礎上，觀修四聖諦法，修習平等加行，悟入人、我、萬法平等，真俗二諦融通，不厭生死，不樂涅槃，斷除偏向出世的「下乘般涅槃障」。

五地菩薩有什麼特質？就是以真俗無違的精神修習羅漢道，羅漢是聲聞的極果，但小乘聖者偏於真空。難勝地菩薩不落偏空，善巧通達諸諦理——四諦、二諦——融通的微妙性，這是以一乘心行的菩薩境界修習「阿羅漢」的法門。

證真——證「類無別真如」

五地菩薩在十波羅蜜中，以禪定偏勝圓滿，契菩提根本無造作禪理，不出三界，不在三界，無有欣求淨慧等障，寂用自在，入真俗無差別道，令真諦智與世間智相應，證得出世入世平等、生死涅槃平等的「類無別真如」，成就諸諦增上慧行。

若只談「真空」，容易陷入「斷滅空」，但事實上「真空」裡就有「妙有」的存在，「俗諦」就在妙有之中。難勝地菩薩為了利益眾生，為了接引眾生，所有世間的技藝他全都學了，外習「五明」：聲明（語言文字學）、工巧明（各種技藝）、醫方明（醫學）、因明（邏輯學）、內明（佛學），內以禪波羅蜜發起慈、悲、喜、捨等善根，成就種種善巧方便，以世法教化濟度眾生。

華嚴小百科

華嚴四祖澄觀

華嚴宗四祖清涼澄觀，生於唐玄宗開元年間（西元七三七—八三八年），十一歲出家，二十歲後開始習律、三論，以及南、北宗禪法，兼通吠陀、五明、密咒儀軌、經傳子史之學。唐代宗大曆十一年（七七六年）登五台山，參訪文殊的靈跡；又上峨嵋山，親睹普賢的聖容，因而發心註釋《華嚴經》。翌年，應五台山大華嚴寺之請，開講《華嚴經疏》，名震京國。著有《華嚴經疏》等書四百餘卷，講《華嚴經》達五十遍。

唐德宗貞元十二年（七九六年），澄觀大師五十八歲，應德宗召請，與罽賓沙門三藏般若共同譯出《四十華嚴》，奉敕奏對華嚴大義，德宗大悅，敕賜紫袍及「教授和尚」之號。次年，為唐德宗講《華嚴經》，德宗言：「以妙法清涼朕心。」因此賜號「清涼國師」。澄觀大師身歷九朝，先後為七帝講經。唐文宗開成三年（八三八年）圓寂時，享年一〇二歲，文宗為他罷朝三日。澄觀大師受禪宗影響頗深，極力融會禪教，對中唐後的佛教影響深遠。

勝智現前的六地菩薩

——第二十六〈十地品〉

從四地開始，著重在慧學的修持，如果說四、五地的智慧像發光發熱的朝陽，六地的智慧則像是明亮耀眼的麗日。四、五、六地同得柔順忍，雖然都是慧心柔軟，能隨順真理，但有下、中、上品的差別：四地以三十七道品證得出世智慧，寄位初果，然偏於出世，唯淨不染。五地修四聖諦，證得二諦相融之智，寄位聲聞，雖知世間染汙，但能隨緣度眾，不為世間所染，只是仍有染、淨的分別。六地泯除染、淨分別，圓滿般若無分別智，寄位緣覺。

一心緣起

六地以菩薩境界修習「緣覺乘」的法門，緣覺是指觀修十二因緣，六地菩薩觀察十二因緣，不僅洞見「無我」，了斷生死流轉的源頭，而且以平等心，超越了染、淨的差別。一般觀察生死的流轉和止息，或會造成染和淨的相對分別，而六地菩薩在順、逆觀修十二因緣之時，除了深知其中惑、業、苦的因果關係，同時也洞察其中染、淨平等的空理，以此而超越「緣覺乘」。所以五地菩薩若要進入第六地，必須培養平等心、觀察十種平等法：

一切法無相故平等，無體故平等，無生故平等，無成故平等，本來清淨故平等，無戲論故平等，無取捨故平等，寂靜故平等，如幻、如夢、如影、如響、如水中月、如鏡中相、如焰、如化故平等，有無不二故平等。

十平等法是說十二入（六根六塵）所生的一切法，皆是空無自性的平等。六地菩薩如是觀察萬法之緣起，當緣起與空無自性的平等相應，就有般若波羅蜜現前的證境，所以六地菩薩名為「現前地」。

《華嚴經》在說六地時，從十二因緣談及萬法不離緣起，廣明緣起，並收歸於一心緣起說：

三界所有，唯是一心。如來於此分別演說十二有支，皆依一心，如是而立。

緣覺觀修的十二因緣，開展為過去、現在、未來的因果輪轉關係，不論它是如何流轉，是一世、三世、還是無始以來的輪轉相續，抑或是以其中任何一支做為開端或結束，就華嚴圓教而言，六地以菩薩境界了知：一切緣起都是一念頓具十二有支，不離一心。

斷惑——斷「粗相現行障」

六地菩薩主修緣起觀，照見緣起生滅的真實性之時，般若無分別智就出現了，但這是有間斷的，六地菩薩必須時時刻刻如實觀察，否則在無相不作意當中，又有可能墮入染、淨分別的迷茫當中，所以要讓般若智慧無間斷地現前，必須經過六地純熟的修行，滿了七地，般若就可恆常相續地現前。

般若智不但能破除自我的執著（人我執），更能破除執著諸法為實有的迷惑（法我執），照見諸法皆為緣起而無不變的自性，所以諸法如夢幻泡影，在這真知灼見上說諸法平等，而直觀到諸法平等的般若真知，是為無分別智。六地菩薩以般若無分別智，斷除分別染、淨的「粗相現行障」的法執。

證真——證「無染淨真如」

當六地菩薩深悟三界所有，唯是緣起幻有、唯心所現，十二因緣皆依一心而立，當下便契入空性解脫門，能入滅盡定中。滅盡定是小乘最殊勝的大定，有漏的心識都因定力而不起。二乘聖者入滅盡定，以為證於實際，生起入涅槃的意想，《楞伽經》說小乘的醉三昧酒，也就是入滅盡定。所以《般若經》中，佛勸菩薩們，如果悲願力不夠充沛，不要入滅盡定，以免墮入小乘。

但是到了六地，以大悲為首，大悲增上，大悲滿足，三種悲心觀世間生滅，在般若慧、大悲願的資持之下，能入滅盡定，而且於定中現證法性，並深徹照見幻有即空、空即幻有的不二平等，證「無染淨真如」。能常寂，又能常常悲念眾生，不住生死，不住涅槃，是智、悲的表現，大悲、般若不二，為大乘的不共勝法，超出了二乘的智證。

六地菩薩於體證性空真諦的同時，空、無相、無願三解脫門、無障礙的光明智能如實現前，具足百千三昧。以願力故，得見多佛，勤修供養，亦供養一切僧眾。六地菩薩多做善化天王，所作自在，一切聲聞所有問難應對無疑，能除滅眾生的我慢之心、深入緣起。以四攝法利益眾生，所做善業皆不離念佛、念法、念僧，不離念具足一切種、一切智智。

華嚴小百科

法界緣起

佛教大、小乘都講緣起，華嚴講的是法界緣起。華嚴祖師以「因果緣起理實法界」為《華嚴經》的宗趣，或簡稱為「法界緣起」，或將華嚴宗稱為「法界宗」，或以「法界緣起」代表華嚴教義。

法界緣起亦名「無盡法界緣起」、「法界無盡緣起」，法界通指「真如」、「實相」，尤其特指「如來藏自性清淨心」，故而法界緣起是指依清淨心緣起一切萬法。法界緣起有兩個要點：1.世出世間的一切現象，都是由清淨心體隨緣生起，離開清淨心，更無別物。2.清淨心緣起的萬法，萬法皆具有各自圓滿的價值，一法具足一切法，萬法無不處於相互融攝、圓融無礙、重重無盡的關係之中，此一清淨法界，是無盡緣起的廣大境界，也就是稱佛性而起的華嚴境界。

方便遠行的七地菩薩

——第二十六〈十地品〉

七地名為「遠行地」，看到「遠行」，不要以為七地菩薩喜歡「遠遊行旅」，事實上，進入遠行地是非常殊勝的，因為進入此地，表示快達到解脫的彼岸，離生死流轉的三界，很遠了。

在十地菩薩的修行中，六地寄於緣覺乘，而七地則超出聲聞、緣覺二乘，寄於菩薩乘，所以到了七地，就接近一乘佛果了。就修行的時間來說，七地終了是第二大阿僧祇劫圓滿，所以，到了「遠行」地，表示已經修了無數劫，走了很長遠的路，至此，即將邁入佛乘的里程碑。

功用至極處

六地菩薩在般若慧和大悲願的資持下，能入滅盡定，且於定中現證法性，但還需要加行來引發。七地菩薩於滅盡定中則深妙了，念念能起定，也念念能入定，不但是要入就入，要出就出，而且是入定就是出定，出定就是入定，就如《維摩經》說：「不起滅定而現諸威儀。」七地菩薩因大願力攝持而不證滅，也因為能念念出入滅盡定中，自然清除了宿世以來無量身、口、意所造作的染汙業行，令身、口、意業融入無相、清淨的修行中，親證無生法忍光明。由於定的深妙，依定的般若，到了「無相、有功用行」的至極處。

初地以來，智證空性是無相的，但出了深觀，還是有相現前。五地達到難得的空有不二的無相行；六地進步到只要多修無相作意，就能無相現行，但總是有間斷的時間。到了七地，則能無間斷地無相現行。七地以前是有相行、有相與無相的間雜行、無相而有功用行。七地以後、第八地開始，是純淨的無相、也無功用行了。七地是交界處，淨由此到，染由此過，經文形容這中間地帶最難通過，唯有具足大願力、方便智慧，才能得過，所以遠行地最為勝要。

三大阿僧祇劫的分別，是有其特殊意義：發心求證菩提，進入第一大阿僧祇劫。證空性之後是聖者，進入第二大阿僧祇劫；七地滿，到了純淨無相行的邊緣，是第二大阿僧祇劫滿。之後，純淨的無相行就進入第三大阿僧祇劫了，如古德謂：

遠行於滅定，念念能起入；方便度熾然，二僧祇劫滿。

斷惑——斷「細相現行障」

六地雖作染淨無分別觀，但因為是修緣起觀，仍有流轉還滅的生滅微細相，這是非常微細的，幾乎無法察覺，所以用微細來形容。而七地菩薩因為善修無相，以無間智慧，心常在觀，在般若智上用功無間斷，貫徹空理，破除了對空理有所得的微細法執，而此空執相對於六地的染淨執，稱為「細相現行障」，七地菩薩即斷除了「細相現行障」。

證真──證「法無別真如」

七地菩薩於「空」中具有方便慧而離有邊；而於「有」中具有殊勝行而離空邊。因為空、有雙離，空亦復空而徹證一切法平等無別的「法無別真如」，了知所有的教法同真無相，沒有差別，皆是平等真如。

華嚴說十度，是在六度之後，還有方便、願、力、智等四度。六地的「般若」為根本智，重在證悟空性方面；七地以上的「方便」為後得智，是從般若所起的大用，重在教化眾生方面。依十度來說，七地的「方便度」最為殊勝。七地斷除細相現行障之後，就可以在空中起妙有、起殊勝行，這殊勝行是七地專修的方便波羅蜜，方便行同時引發無量智，十波羅蜜在七地菩薩的一念之間，就可以現起無量的殊勝行。所以，菩薩於十地雖然皆能滿足菩提分法，不過七地最為殊勝，因為七地功用行滿，能入智慧自在行，於念念中現起一切佛法，皆悉圓滿。

初地以來的諸菩薩，都是以願力超過小乘；而七地則以自力超過小乘，猶如太子藝業成就，乃以自力超過一切。七地菩薩行大乘菩薩法門，以無間斷的般若智，悟入空、無相、無願三三昧行，但仍能慈悲不捨度化眾生，以大願力在生死中自在轉世，超越二乘，「示現生死，而恒住涅槃」。能念入滅定，亦於念念中起定，乘波羅蜜船，行實際海，以大願力而不證滅。

七地菩薩具足菩提大願，多做他化自在天王，於一切法自在無礙。

華嚴小百科

十波羅蜜

波羅蜜，又譯波羅蜜多，是菩薩修行成佛的根本資糧，巴利文譯為「菩薩的責任」或「菩薩的財富」；漢譯為「度」、「到彼岸」。十度法門具有以下特點：1. 布施、持戒、忍辱、精進前四度，有助於菩薩清淨自己執著的習氣，屬於覺行圓滿的修行。2. 禪定、般若度有助於菩薩觀破一切生滅幻相，顯現清淨平等的自在解脫，屬於自覺圓滿的修行。3.方便、願、力、智四度，有助於菩薩成就廣大圓滿無礙的大悲心，屬於覺他圓滿的修行。前六度是凡聖共修的法門，後四度是登地菩薩所修的法門。聖者以菩提心修持十度，即是證入涅槃的十種勝行，故又稱為「十勝行」。

《華嚴經》說七地菩薩念念具足十度，以具足十度故，其他一切助道法，於念念中亦皆具足。其實，登地菩薩皆具足十波羅蜜，隨著登地階位而愈益圓滿，以此說明圓教六度之相。

如如不動的八地菩薩

——第二十六〈十地品〉

一登八地，煩惱永不現行，且從八地開始，超於世出世間，成就一乘，所以八地又名「不退轉地」。十地菩薩的修行，諸經論中都分為三個階段：初地到六地，有相、有功用行；七地，無相、有功用行；八地到十地，無相、無功用行。七地的般若智雖可無間斷地無相現前，但終究是以心的動向而用功維持的，「常不捨於如是想念」；至八地則功用純熟、自然而然地無間安住於無相之中，心不須起用功的動向，故稱「不動地」。

斷惑——斷「無相中作加持行障」

八地菩薩不用起任何加行作意，就能安住於無相之中，不為煩惱所動，也不為功用所動，甚至連「用功」的想法都不必動念。不動，若以譬喻來說明，就像夢見自己在渡河，即使再艱困，也要用盡各種方法渡到對岸。夢中的起心動念和努力，猛然醒來，瞬間止息。八地菩薩就如覺醒之人，醒悟一切現象都是自己迷失在夢中，只要覺醒，一切夢境，皆悉粉碎。

八地菩薩不起任何加行而能任運自在，不是突然而有，是從初地修道開始：初地至五地修的內容是有相觀多，而無相觀少；六地隨著無生法忍的智慧的增上修證，變成有相觀少，而無相觀多；七地則純無相觀不礙起行，能恆常相續，卻還需要加行，加行也就障礙了七地不能無功用道，成了加行障；八地則能永斷「無相中作加持行障」。

就修道所斷的煩惱障來說，地前菩薩漸次降伏俱生煩惱的現行。初地以上，能全分伏盡，如同阿羅漢一樣，令永遠不起現行；但前七地菩薩為了化度眾生，使煩惱種子暫生現行，雖然暫時現起，而不為過失。八地以上道力增勝，純是無漏觀心相續生起，煩惱畢竟永不現行；唯以願力，於無功用道化度眾生。

所知障方面，地前加行位能漸次制伏俱生所知障的現行。八地以上，人空無漏根本智恆時相續、無有間斷，法空無漏根本智多分相續、少分間斷，故能降伏前六識的俱生法執，但不能制伏第七識的細執，第七識俱生法執仍能現行。

八地以上的境界是純無漏道，任運自在，三界煩惱永不現行；唯有第七識中的細所知障猶可現起。

證真——證「不增減真如」

二乘雖然證得解脫，可是沒有如實智，因為二乘觀修的法是無常苦空的生滅法，五蘊滅盡，智慧也隨著六識心的滅盡而不現前。初住菩薩證見如來藏真心，所生的智慧是如實智。如來藏本不生滅、本來存在、法爾如是，只要菩薩不入無餘涅槃，修到最後的佛地，菩薩依如來藏所生起的智慧也不會被毀壞；所以，初住證得的如來藏如實智慧，次第增上修證，進入十住位、十行位、十迴向位，然後初地、二地、三地，乃至七地的有加行、有功用的無相住，都是在如實智方面的實證，只是智慧的廣度和精細度的差別不同而已。

八地斷了加行障，在無功用道中，不隨淨染而有增減，真如離增減執而住於無相，是第一最勝、最清淨的無生法忍，是「無生法忍如實智」，心念不增、不減、不退轉，而智慧、功德任運增進。證此真如，可以任運自在地現相、現土，亦名「相、土自在所依真如」，雖然嚴淨佛土，而無作意、無相、無功用。

唯以大願行於世

八地菩薩所住的境界甚深無相，而且極為清淨，這時，若無諸佛勸導，八地菩薩可以進入究竟涅槃。不過因為菩薩本願力的緣故，十方諸佛親自現前，佛以智光加被，覺悟勸導八地菩薩繼續前進：「雖然你已經證得寂滅解脫，但是諸佛的十力無畏、十八不共法、無量清淨身相、無量智能……，都還沒有獲得！而且你曾發濟度眾生同得解脫的大悲誓願，可是無盡的眾生尚在生死苦海之中……。」

八地菩薩在諸佛加持覺悟之下，生起無量分身妙智，於一念間，入於如來妙智所攝的一切智智的所行境界。八地菩薩雖然任運安住於無相、無功用中，但唯秉持著最大的願力，於三界中普現一切身，普說一切法。其大願最極清淨，在純無相行中，不但是知有如幻，而且是顯現如幻，無戲論相，菩薩心不動，亦不取心相，而起如幻三昧，猶如幻師大作幻事，遍滿法界，得十種自在，圓滿願波羅蜜，這是八地以上的深行菩薩境界。

華嚴小百科

三不退

菩薩由於修證的不同，而有深淺不同的「三不退」：

（一）位不退，修得的階位不退失。

（二）行不退，所修的行法不退失。

（三）念不退，於正念不退轉。

三不退配於菩薩階位，各家說法不同。

（一）據法相唯識宗：

1. 十住位，不再退墮惡業流轉生死之位，位不退。

2. 初地，成就真唯識觀，於利他之行不退失，行不退。

3. 八地，得無功用智，念念入真如海，念不退。

（二）天台宗認為：

1. 別教之初住至第七住，斷見思惑，永超三界生死，位不退。

2. 第八住至十迴向，破塵沙惑，不退失利他行，行不退。

3. 初地以上，斷無明惑，不失中道正念，念不退。

（三）圓教的說法：

1. 初信至第七信，位不退。

2. 第八信至第十信，行不退。

3. 初住以上，念不退。

綜觀各家之說，《觀經妙宗鈔》總結得好：「若破見思名位不退，則永不失超凡假。伏斷塵沙名行不退，則永不失菩薩之行。若破無明名念不退，則不失中道正念。」

善慧說法的九地菩薩

——第二十六〈十地品〉

菩薩證入八地，就是證到如如不動的佛性真心，能夠無加行、無功用，任運安住於無相之中。八地菩薩心性的不增不減，雖然不會退步，但是如何能進步呢？這便是九地菩薩勝進之處。

斷惑——斷「利他中不欲行障」

在八地不增的心態中，其實隱含了「利他中不欲行障」，也就是說，對更高的利他法門也不起修學之念，因為如果起念，豈非又落入七地有為的心態之中？所以在此面臨兩難之境，似乎進退不得。

不過，這是初入無功用道的八地菩薩才會有的困境，因為八地菩薩還不能制伏第七識的細執，第七識俱生法執仍能現行。在自利的功德上雖然能夠任運無功用，但是在利他的功德上尚不任運。

在此深奧法流的轉折之際，諸佛會出面勸導、做七勸橋。當菩薩見佛、頭面禮佛之時，便於佛的智光加被之下，加速菩薩任運無功用道更為純熟，當法空無漏智及其所引起的後得智和滅盡定位，伏令法執不現起時，即證九地境界。九地菩薩自然而然地又提起更微細的心，深入一切法門，斷除無法善益眾生的利他門中不欲行障。

九地菩薩斷除「利他中不欲行障」之後，無相無功用行就更為增勝了，自證方面本來就任運無功用；利他說法上，至此也能自然而然不加功用就辯才無礙、應機說法。因為九地菩薩斷除了兩種無始無明相應的愚癡：1.於無量所說法（義）、無量名句字（法）、後後慧辯（辭）等三種陀羅尼自在愚癡；2.辯才（辯）自在愚癡。

證真——證「智自在真如」

八地菩薩雖然證悟如如不動的真如本體，但是還不能發揮真如本體的妙用；直至九地菩薩方能依體起用，發揮真如本體的功德與力用。九地菩薩斷除利他門中不欲行障之後，證得自在深入法門的「智自在真如」，成就說法自在，遍說遍益。

菩薩得到無礙智慧還不能稱善意，要能遍說遍益，才可稱為「善慧」。九地菩薩以無礙智慧，證得法、義、辭、辯——「四無礙解智」，是四種無所滯礙的說法智辯，均以智慧為本質，故又稱為「四無礙智」、「四無礙解」，略稱為：四無礙、四解、四辯，也是菩薩化度眾生的方法，故亦稱為「四化法」。包括：1.法無礙辯，通達一切諸法名字，分別無滯。2.義無礙辯，精通教法所詮釋的義理，無所滯礙。3.辭無礙辯，通曉各種言語，能隨意演說。4.樂說無礙辯，又稱作「辯說無礙」，辯說法義，圓融無滯，隨順眾生願求而樂於為之巧說。

九地菩薩不論在佛法義理、語言文字的表達，乃至論辯的技巧，都達到所向披靡、無有障礙的最高境界！而且九地菩薩圓滿百萬阿僧祇陀羅尼門，能以百萬阿僧祇善巧音聲辯才，為無量眾生演說各種法門。並於無量佛所一一佛前，以無量陀羅尼門聽佛說法；聽聞之後憶持不忘，再以無量差別門為人演說。

如果有不可思議世界的所有眾生，一剎那間，一一皆以無量言音而問難於九地菩薩，一一問難都不相同；菩薩於一念頃悉能領受，僅以一音普為解釋，而無量問難的眾生各隨心樂，皆得歡喜。凡是他所經過的地方，智慧也隨行而至，於一音中現種種音，有情、無情皆演妙音，大千世界滿中眾生，皆能獲得各自相應的解悟。

九地菩薩無礙解智的殊勝境界，除佛及十地菩薩之外，無能與之相比。是諸地菩薩中說法第一的大法師，能守護佛的法藏，遍說遍益，故而稱為「善慧地」。

成就果德

九地菩薩累積了超世功德，具備《華嚴經》廣說的十種力，圓滿清淨「力波羅蜜」，能以無量智觀察無邊境界，如實了知眾生一切心念；更得無礙智慧，於一毛塵中具足四十種辯才，以四十種辯才遍說聲聞、緣覺、菩薩等三乘之法，乃至如來境界的一乘佛法，皆能隨順眾生根器、才性、欲求、悟性等的各種差別，以及受生、煩惱、繫縛、習氣而為說法，令眾生生起信心解悟，增益智慧，各於其乘而得解脫。

雖然九地菩薩的福慧已近圓滿境界，但是仍然晝夜不息地專勤精進，一心只想證入佛境界，親近如來，證入諸菩薩甚深的解脫境界，希望常在三昧之中見到諸佛，未曾一刻捨離。

九地菩薩於一一劫中，見無量佛、無量百佛、無量千佛，乃至無量百千億那由他佛，皆能恭敬尊重，承事供養。在諸佛所提出種種問難，永不忘失諸佛所說的每一句法要，獲得說法陀羅尼，所有善根轉更明淨。

菩薩安住在九地境界時，多做二千世界的主宰大梵天王，他善於治理政事，神通自在；身放光明，能照二千世界，照眾生心，息滅一切煩惱昏暗，饒益眾生，所以稱為大梵天王。

力波羅蜜

十波羅蜜中的「力波羅蜜」，是指能度彼岸的大力量、大作用。世間一切人與事，本身都有一定的力量，只是力量不一定用在解脫上。

菩薩最初由思惟選擇善法而得到力量，是「思擇力」；由修習善法而有「修習力」。由此二力能令一切善行堅固，降伏煩惱，積聚無量功德，是自力；得諸佛慈悲加持，是他力。菩薩以自、他二力，發起菩提心願力等十力的進修，以修十力的功德，獲得佛十力，圓成佛道，是「大力波羅蜜」。

願是因，力是果，菩薩累劫依願修行，以力滿願，當因果成熟時，便會成就種種不可思議的救拔力量。九地菩薩主修力波羅蜜，成就菩薩十力、四無所畏、十八不共法等大威神力，並獲得諸佛無盡善巧智慧。佛教重視弘法利生，所以九地菩薩的「力」波羅蜜，尤指說法無礙之力，也就是成就說法之四辯才無礙，能遊十方，說法無礙。

法雲灌頂的十地菩薩

——第二十六〈十地品〉

九地的功德是說法自在，但是他還不能得到圓滿的法身現前證受，就像王子要登上王位之前，有一個儀式，就是證受。

第十法雲地，即將圓滿三大阿僧祇劫菩薩應修的廣大行，能獲得法身現前證受，榮登法王之座。不過十地還未成佛，是法王子，位居補處，即將紹繼佛位。這時，會有十方一切諸佛放大光明，為菩薩佛光灌頂；如同古印度王子冊封為太子之時，取四大海的水澆灌在王子頂上，舉行灌頂儀式。受此儀式，王子成為儲君太子，十地菩薩則列入佛數了。

受職灌頂

菩薩進入十地之後，獲得無量三昧現前，三昧定境是十地菩薩在受職位所依之體，他是依三昧定力而攝持佛的智慧。最後現前的無上三昧，名為「受一切智勝職位三昧」，此三昧現前時，有大寶蓮華忽然出生，此大寶蓮華是十地菩薩無量清淨願行所成就的。當十地菩薩坐在寶蓮華座上，一切世界隨即震動，菩薩從兩足下、兩膝輪、臍輪、左右脇、兩手、兩肩、項背、面門、兩眉間、頭頂，放出無量光明，普照眾生，並於虛空中形成一個巨大的光明網，雲興各種供養事供養於佛。大光明遍繞十方世界十匝之後，從如來足下而入。此時諸佛及菩薩知道：某世界中，某菩薩已經成滿菩薩道的廣大行，入十地受職位。

十方諸佛從眉間放射清淨光明，普照十方世界，右繞十匝之後，即從十地菩薩頂上而入，菩薩獲得前所未得的百萬三昧，名為「已得受職之位」，入佛境界，具足十力，成為已受職的法王子。

斷惑——斷「於諸法中未得自在障」

九地菩薩並非遍緣自在；直到進入十地，斷除一切法當中未得自在的障礙，並斷兩種愚，才能於一切法中皆得自在。二種愚分別為：1.大神通愚：十地法雲是可以顯現大神通，但此愚未除，十地的神通就不能無上。2.悟入微細祕密愚：若要和佛的三密悟入契合，則要斷除悟入微細祕密愚。

證真——證「業自在真如」

斷障之後，便能證得「業自在真如」，包括：神通作業、總持定門，皆得自在，成就受職位、受灌頂位的廣大行。

十地菩薩證得業自在真如，即能展現事事無礙的自在神力，隨著自己的心念，能將狹小的世界變作廣大的世界，廣大的世界變作狹小的世界；染垢的世界變作清淨的世界，清淨的世界變作染垢的世界；散亂的安住、次第的安住、顛倒的安住、正直的安住，如此的無量世界，都能夠互相變化。

十地菩薩神通自在，不是為了現神通而得此自在業用，而是為了遍法界說法而現神通。九地菩薩說法無礙，精勤修習，可謂「以法為身」，但仍有微細的不自在障；至十地則報得圓滿法身，於一念能入無量無邊的空間次元說法，霪甘露雨、滅煩惱焰，如此才是遍覆一切的法雲，所以，法雲地證得佛的法身，如《金光明經》云：「法身如虛空，智慧如大雲。」以遍虛空的雲雨普覆一切，無處不滿，一切樹木花卉都得到滋潤而茁長。所以，十地菩薩現神通說法的時候，像雲一樣普降甘露法雨，長養一切眾生善根，故名法雲地。

圓滿智波羅蜜多

第六現前地證得的是「根本無分別智」；十地則是證得「後得無分別智」，能顯大智，圓滿了智波羅蜜多。十地菩薩以其所證的無上智慧，能夠如實了悟諸佛所入的微細智慧、諸佛所入的祕密藏、諸佛所有入劫智慧、諸佛所有入微塵智慧……，乃至一切佛所有廣大無際智慧，十地菩薩皆能契入。又有無量不可思議解脫門、無量三昧門、無量陀羅尼門、無量神通門……，皆在十地中成就。

如來的大法明、大法照、大法雨，唯除十地菩薩才能在一念之間，安住、承受、攝取、總持十方無量諸佛一時演說的最極廣大、最極微妙的法雨，其他一切眾生、聲聞、緣覺乃至九地菩薩，都不能安住、不能承受、不能攝取、不能受持。

十地菩薩又能以明達的智慧，自在的神通力，隨其心念，令無量世界互作互現，不可測知……。又能依其心念，於一毛孔中，示現一切佛境界、諸佛國土不可思議莊嚴之事……。其智慧光明不異如來，而其身、語、意業亦不捨菩薩三昧……，十地菩薩福慧功德宣說不盡……。

十地菩薩所得的一切功德，不是用言語可以表達的，因為十地菩薩所做的一切功德，不是一件事或什麼境相，而是一一毛孔都會顯示不可思議的功德，量德自解，皆是不可說，也不可轉的。

菩薩從初發心經歷諸位，入此法雲智地，生如來家，大悲願力，功終行滿，成為受職位的菩薩，是諸佛親自灌頂授予十地菩薩的職位，常示現為摩醯首羅天的天主，代理諸佛教化整個世界。

華嚴小百科

十地

十地，出自《華嚴經．十地品》，是指已發大乘菩提心的菩薩行者，在修道路上的最後十個修行階段。何以稱「地」？地有能生、能載、能藏等義，而十地位的菩薩亦是如此：

（一）能生一切功德，包含：世、出世間善因果。

（二）能載負一切眾生。

（三）菩薩萬行，都於十地位中圓滿具足，就如珍礦、寶藏皆由地出。

地又有生、成、住、持、集等義，表示始起修因、終成滿果、中住於緣、持法成就無量功德、集一切智智法門。十地階位的菩薩對治十障，證十真如，成殊勝行，是即將成佛的菩薩。

菩薩四十二階位當中，於發心住即見真理，但為入理。十地則是證道位，見一分真理，證一分法身，乃事理俱圓。華嚴圓教本屬一位一切位、一具一切，於十地階位再寄三乘教位，是以圓融真心修漸教階位，如此分齊歷然。

第七會

解分的首場（因）和末場（果）皆在「普光明殿」，象徵解門要依「光明本覺」，並表徵因該果海、果徹因圓。會主如來解說果位等妙覺法門。

等覺菩薩之三昧大定

——第二十七〈十定品〉

《華嚴經．十定品》是承十地而來的因圓之位，所以在〈十地品〉之後是〈十定品〉。《華嚴經》十地以前是以「行布」分別開演修行歷位，十地之後則以「圓融」觀來顯現等覺菩薩頓入一真法界的風光。

〈十定品〉梵文名為〈如來十三昧品〉，是如來所證的十種三昧，亦得以名為如來；但因是普賢所證、所說，故為等覺之位。「十定」，又作「十大三昧」、「十三昧」。十，表示數之圓極；大三昧，表示行願圓滿。

緣起

〈十定品〉是「解分」末場法會——第七會的第一品，世尊再度回到普光明殿，說等覺法門。「解分」首、末場法會皆在普光明殿，表徵成就佛果不離初心。等覺法門超越語言概念，因此世尊自入「剎那際諸佛三昧」。參與第七場法會者皆是十地灌頂位以上的菩薩，都是曾與世尊同修善根的同行者。其中，普眼菩薩承佛神力而向世尊請法，世尊教普眼菩薩問法於普賢菩薩。等覺菩薩眾一聞普賢名號，即時獲得不可思議無量三昧；雖得十千阿僧祇三昧，但諸大菩薩以三昧力三請，也見不到普賢菩薩。

不得見的緣由，是因為普賢境界祕密甚深，普賢菩薩普入法界，無所行，無所住，無作無相，何能得見？佛令諸大菩薩「心生渴仰，願得瞻覲」，在大菩薩眾誓與普賢菩薩同一行願，終於感得普賢菩薩現身，普賢菩薩並為諸大菩薩入普賢三昧、說十大三昧。

普周法界的三昧大定

大乘菩薩行者，一般著重在利他的六度萬行上，不同於小乘聖者偏重於禪定、解脫的自修。暢演一乘普賢道的《華嚴經》，於十地之後的〈十定品〉，以四卷之量，宣說十大三昧的禪定境界，這十大三昧以其「大」定，顯非一般的禪定，而是等覺位一乘普賢道之大菩薩的正定用。

《華嚴經．十定品》由十個廣大的三昧，串聯成以禪修為軸線的普賢道之修練。每一個廣大的三昧，都伴隨著禪修的推進，層層開顯出不可思議的境界，妙用無窮，而這些禪修的成果，全都導向「利益一切眾生，度脫一切眾生」的弘大誓願。

等覺位大菩薩的正定，不是封閉在禪定的自修系統、自我境界之中，而是坐落在菩提道上的廣大修行，以普賢行做為典範，將遍虛空、遍法界的眾生，納入其禪修的菩提道次第之中，以無盡的慈悲密切連結，以無量的善巧方便，穿透轉化一切眾生。所以普賢道的禪修，是朝向一切法界、一切眾生，乃至無量劫的未來去開放，是廣大周遍的正定、定用齊修的三昧境界。

等覺位的三昧定境，在〈十定品〉由佛親口宣說十大三昧的定名，普賢菩薩以自證境界宣說十大三昧的定境及發用：一、普光大三昧，二、妙光大三昧，三、次第遍往諸佛國土神通大三昧，四、清淨深心行大三昧，五、知過去莊嚴藏大三昧，六、智光明藏大三昧，七、了知一切世界佛莊嚴大三昧，八、一切眾生差別身大三昧，九、法界自在大三昧，十、無礙輪大三昧。

十定，是古今諸佛自在遍周的根本智體，無始無終，不遷不動，是法身無相理，為寂用之源，寄圓顯十。既同佛境，何以寄等覺位宣說？因為十大三昧主要在說明深定的妙用無盡，故而安住於普賢行願當中，成就、教化眾生，轉淨法輪，續諸佛種，無盡大用一一無礙，行普賢行無有休息，起大悲心度諸眾生，盡未來際無有疲厭。所以，十大三昧即定用也；定名，即是業用。十定的業用，是依三昧定體而廣行十度，也就是十地果後菩薩的行願。十種大定都可單一地視為十度波羅蜜的其中一度，每一定所顯現的無非不是佛的不思議一切智。在十地時，每一地都以分修十度來呈顯；而〈十定品〉則凸顯佛力不假方便的大自在力，隨拈一法，法法皆通。

一念即法界的三昧大定

等覺位十大三昧的禪定境界，特別是在彰顯佛所入的「剎那際三昧」的甚深廣大。「剎那際三昧」，就是超越最短促剎那一念的邊際，進入完全的無念之中，能所二行永絕，達無相法。若有二行，則有剎那。二行既絕，則剎那無際，而能契入本來無相的清淨真如。所以，一入「剎那際三昧」，即是入法界觀，當下一念，即是遍周、頓顯法界境界，因為當下的每一念，都是自性清淨心入「剎那際三昧」，故能窮法真源，契法界境。

世尊於此特入「剎那際三昧」，即是彰顯將說等覺位的緣故。十地既盡，若以無間智覺心初起，心無初相，遠離微細念，即無剎那。若入此際，即見心性常住，即是究竟覺，是名「諸佛三昧」。

等覺位即是十地因行的圓滿，等覺的禪定，是以法界境、十度齊修、定慧等持為主要定用，並以一攝十、又以十入一的直顯法界境，故可稱之為「法界」之定。等覺後起「金剛喻定」，斷盡最後、最極微細的剎那念，此「覺」等同於修行之初因，是故「解分」首、尾同會於普光明殿，亦顯差別歷位不離最初剎那際，是圓教禪定波羅蜜度的圓滿。

普賢菩薩以金剛慧智入於法界，於一切境無著無縛而得以自在無礙，以入、住、出定皆能自在，顯其定用的殊勝，以法界一如，彰顯等覺義。

華嚴小百科

方網三昧

華嚴的「寂用無礙三昧門」，在同為圓教的天台宗也有相應的說法，智者大師稱為「圓自在莊嚴」，二者皆說明諸佛菩薩稱性起用的自在妙用。而天台宗並點出圓滿莊嚴的一面，圓教的自在是莊嚴圓滿的，與空宗顯空的自在不盡相同，因為圓教的自在是稱佛性而起，故能展現諸佛菩薩妙有自在的莊嚴殊勝。

法界實相本無障礙，是眾生妄自分別執著導致了隔閡障礙。十信滿心菩薩找回忘失的佛性，了悟法界實相通透自在，念念稱佛性起用，因而在任何境界都能莊嚴自在地出入無礙，廣大無邊猶如天羅地網，無遠弗屆地遍至十方，就像網際網絡般，無論在宇宙寰宇的任何一端，只要有網路，都可以化身千百億地出現在連線的電腦上，所以華嚴的「寂用無礙三昧門」，又稱為「方網三昧」。

神妙難測的智通

——第二十八〈十通品〉

《華嚴經》各品皆見諸佛廣大神通的展現，但真正回答諸佛神通的經文是在〈十通品〉，屬於等覺位，等同佛位。佛的神通非常深廣，經文是以海量來形容，不過〈十通品〉僅舉十種神通略做說明。神通在《八十華嚴》名為「智通」；在《六十華嚴》名為「明」，篇名為〈十明品〉。因為此神通是等覺菩薩廣大無邊甚深的業用境界，屬於智慧的極致，故以「智」或「明」而名之，是大智的妙用，非一般的神通能力而已。

十大神通

神通，又譯為神力、通力、通，得神通的方法有四：

（一）生四禪天而得之報通。
（二）依藥力而得之業通。
（三）持咒所得之咒通。
（四）禪定而得之修通。

一般所講的神通，是指由禪定而得的修通，有六：1.神足通，2.天眼通，3.天耳通，4.他心通，5.宿命通，6.漏盡通。前五通共外道，第六漏盡通唯解脫輪迴的大、小二乘證得，然境界寬廣大小有別。小乘能知八萬劫以內、三千世界之內之事，其他無法遍知，所以稱為不滿；唯佛所證十通，能遍、能滿。

小乘六通，凡所作皆是攀緣分別，不能無緣，是無常生滅的。諸佛菩薩的十大神通，是妙心起的作用，究竟真常，物見興廢而體恆不變，業用遍周法界，包攝難思，廣大無礙，完全異於六通。六通不能開出妙用，十通是佛的果德，十定修圓滿了，菩薩就能得到十通。

〈十通品〉中，普賢菩薩向大菩薩眾宣說等覺菩薩有十種神通妙用。十通乃六通之開展，六通除了他心通及宿命通不開之外，其餘四通各開二門，所以成為十通。小乘證得六通，但小乘是狹心，菩薩是廣勝心，不過都和佛法相應，只是關懷的層次與境界不同。十通分別為：

（一）善知他心智神通：同小乘他心通，但菩薩能知無量世界、無數眾生心。

（二）無礙清淨天眼智通：同小乘天眼通，但菩薩能見無量眾生之死此生彼、善趣惡趣、福相罪相、或好或醜、或垢或淨。

（三）知過去際劫宿住隨念智通：同小乘宿命通，但菩薩能知無量眾生、過去無量劫事。

（四）知盡未來際劫智通：這是天眼通開出能見未來的神通，菩薩能見無量世界、未來無量劫事。

（五）無礙清淨天耳智通：同小乘天耳通，但菩薩於一切音聲能自在聽聞，欲聞不聞，隨意自在，圓滿廣大，了達無礙，具足成就。

（六）住無體性無動作往一切佛剎智神通：同小乘神足通，一般神足就是可隨心念自由來去；但無法到佛國淨土。等覺菩薩一聞佛名，即能不動本處，而見其身在彼佛所，禮拜尊重，承事供養，入佛智慧，至於究竟，無所取著。

（七）善分別一切眾生言辭智通：這是天耳通開出能知言辭的神通，菩薩能聞一切世界、種種眾生所有言辭，善能分別，無有疑惑。

（八）出生無量阿僧祇色身莊嚴智通：這是神足通開出能現無量色身的神通，菩薩為度一切眾生，勤修成就無數色身智神通，以無量相，無分別相，入於法界，能為眾生應機現身，即如〈普門品〉言：「應以何身得度者，即現何身而為說法。」

（九）一切法智通：這是漏盡通開出以慧為主的神通，菩薩知一切法無來無去、非一非異。諸法從緣起，隨順寂滅性，非世諦、非真諦，而以大悲辯才隨眾生心，普雨法雨而不失時。

（十）入一切法滅盡三昧智通：這是以定為主的漏盡通，但和一般滅盡定大不相同，聲聞所修的滅盡定，是一切滅盡，如同死寂；而等覺菩薩入一切法滅盡三昧，雖處甚深的三昧、念念入於法滅盡三昧；但不退菩薩道、不斷菩薩行、不捨菩薩事，嚴土熟生，未嘗休息，是不可思議的滅盡三昧。

一乘智通

神通，並非佛法修行的目的，而是修定與智慧自然獲得的通神妙用。佛法是以正智斷除煩惱為主要，如果因耽溺於深定的寂樂之中，無法證得解脫，反而成為「八難」中的長壽難。所以〈十通品〉在十地、十定之後，就是為了說明神通是建立在菩薩道的行布次第上，歷經十信、十住、十行、十迴向，修普賢萬行，行十度波羅蜜，十地圓滿之後，得十種三昧大定，煩惱執著斷除，心通達了，智慧打開了，就有神通大妙用。所以〈十通品〉的「通」，與一般有生滅相的神通有別，是智通，是智慧的妙用，唯一佛乘乃可證得。

大菩薩的神通境界不可思議，《華嚴經》以十十彰顯無盡，託事顯圓，故將量周法界的神通境界收歸為十，開六通為十通，一方面表示智通廣大、無礙神用；一方面象徵菩薩為度眾生而無盡法界緣起。諸佛菩薩的神通是智慧通達以致於神妙難測之境，以無礙大智為體，無著無形，亦無生滅之相；但都離不開菩薩的悲願，一切神妙的能力都是為了眾生，非為一己，為眾生故，而無盡緣起。

光網

《華嚴經》常會出現「光網」一詞，〈如來現相品〉：「一一毛孔中，光網遍十方，演佛妙音聲，調彼難調者。」「十方塵國土，光網悉周遍，光中悉有佛，普化諸群生。」

光，在《華嚴經》是特別突出的意象，不只是單一直線的光明照耀，在華嚴境界呈現的是光光相攝，多重光明相互交織、互融互入，構成光芒萬丈的因陀羅網境界，〈十地品〉：「放大光明百千億，滅除一切眾生苦，復於頂上放光明，普入十方諸佛會，悉住空中作光網。」《華嚴經》的教主毘盧遮那佛，展現的也是光明遍照的意象。

光網也是萬法在華嚴境界中的真實面相，萬法在佛境界中，並非孤立的存在，不再是以有質礙性的物理姿態出現，而是以無礙的光明姿態呈現，萬法之間是相互緣起、互為依存的事事無礙關係。

忍·忍·忍

——第二十九〈十忍品〉

華嚴第七會的前三品——〈十定品〉、〈十通品〉說明等覺菩薩深定的神通妙用之廣大，而等覺菩薩神通妙用的難以思議，其內在因素是因為具有深奧的智慧，故而普賢菩薩於〈十忍品〉闡明深定的智慧深奧，古德以「智行深奧為宗，為得佛果無礙無盡為趣」來說明本品的特色。

忍人所不能忍

〈十忍品〉的「忍」是忍解、印可之意，是對事物、事理能「智照通達」，所謂「智照通達」是因為了悟諸法虛妄不實的真相，故而內心印可，安忍不動。大菩薩之所以能忍凡夫所不能忍，是因為了知萬法性空，故於世間利、衰、毀、譽、稱、譏、苦、樂等現象，內心能安忍不動；大菩薩亦以忍智而不證入實際，如果直入涅槃，不僅違背初心，也不能圓滿菩薩行。

十忍的前三忍，一般稱為三法忍；後面的幻、焰、夢、響、影、化、空等七忍，屬「大乘十喻」中的七喻。大乘經典多以十喻來顯示一切法之性空；而《華嚴經．十忍品》的十忍境界，是菩薩斷微細無明、證得諸法本來寂然之時，所證得的十種照徹萬法空相的安住心。因得十忍安住心，故不為萬法所迷惑，證得一切菩薩無礙法忍境地，並能無所障礙地窮盡一切佛法。

音聲忍

音聲忍是指聽聞深妙乃至聞所未聞之法，自己的智慧難以了知、難以理解，甚至不可思議，但卻是諸法實相之時，心不驚怖而能安忍。一般眾生聽到自己不能理解的觀念，通常就不相信；既不信受，當然就不會勤學讀誦，也不願意依教奉行，結果就不可能親自證實而得到勝解。菩薩則不然，不僅不驚不畏，而且心生歡喜，信受奉行。

十忍當中，第一個要學習的是音聲忍，這是有順序的，因為能深心信解（聞慧之始）之後，方能解悟（聞慧之終）、愛法（思慧之初）、趣向（久思向修）、專心憶念（修慧之初）、修習（正明造修）、安住（依定發慧，證理相應）。也就是說，對於佛所說的法音，尤其是實相空寂的道理，樂於聞、思、修，而且能安住地如理思惟、熏修，這是需要很大的耐心和毅力，因而稱為「忍」，忍心不動，有定力，就能發慧，乃至斷煩惱。所以，就修行的次第而言，十忍的下手處，首先就是要能安住於深奧之法的音聲忍！

順忍

順忍是指聽聞佛法道理之後，能柔順安忍。古德以止觀來解釋順忍，強調一切行要順於諸法，一切行中又以止觀最為重要：

（一）創修止觀：首先將心繫於一境之上，只有觀察，不做揀別。

（二）漸次止觀：這時不止觀察事境，也要同時通達其中蘊涵的道理；若是觀照道理，則要同時通達背後的事境。

（三）純熟止觀：此時妄心停息，惑不生起而心清淨。

（四）契合止觀：寂冥理境，離言絕慮而無可寄託。

從觀修音聲忍，進而能順忍於佛法、善法之中，不斷熏修學習，愈學愈熟悉，愈學愈得心應手，最終必能「生處轉熟」；而惡業惡習長久沒有熏修，煩惱法、染習法也就能由「熟處轉生」。心清淨，止心不動，定境輾轉增上，慢慢就有慧觀，如理、如實去觀察萬法，就能了悟世間所有的一切都是暫起幻有，便能捨下世間的雜染、煩惱、習氣，止惑不生，正住修習，觀徹前境，智慧顯於心，則能趣入無生法忍！

無生法忍

從法上來說，一切法皆是緣起，起即無起、無作的道理，稱為無生，這是通於初地至十地。從行證來說，心識妄惑，寂然不起，稱為無生，這則要到八地斷心識妄惑，才可稱為得無生法忍。八地菩薩得無生法忍，入不動地，一切動心意想分別，悉皆止息，知一切法如幻、如化，得如幻等無量三昧。由於八地菩薩於無相寂滅有些耽著，所以八地證得的無生法忍尚未究竟，必須到成佛才圓滿，因此《華嚴經》於等覺位〈十忍品〉的無生法忍，做一連接。

就觀修來說，無生法忍就是觀一切法無生、無滅，平等寂靜。眾生看一切法都是有生有滅，才會執著眼前種種條件聚合下所產生的現象，在得失之間生起各種情緒：愛染的東西生起，就想擁有，擁有了，就快樂；得不到，就苦惱。或是不好的境界生起，就覺得自己的快樂失去了，卻不知道得到苦和失去快樂是相對的！苦樂本來平等，都是一時的因緣聚合，而實際上，因緣只是一時的假相，本性是沒有生滅過。萬法本空，我們心中種種的想念、欲求，都是這念心想出來的，一切煩惱苦痛，都是自己給自己帶來的！當人無欲，自然就無心；無心，就無造作；無造作，就無願求；無願求，就無住，而這就是無住心。所以《楞嚴經玄義》上說：「狂心頓歇，歇即菩提！」只要能放下，當下的心歇了，不再起任何妄想分別，自然就離開一切心中的垢染，自然無一法可得。

〈十忍品〉後面的七個譬喻，都是對前三忍的加以譬喻，而前三忍中，音聲忍和順忍又可說是無生法忍的加行。總之，〈十忍品〉在闡明世間的真相——萬法本性空寂。菩薩就是了悟了無生之理，故能不為幻相所迷惑，進而斷盡一切執著煩惱！

華嚴小百科

大乘十喻

大乘經典以十喻顯示空理，其中七喻也是華嚴「十忍」之七忍：

（一）如幻：譬如幻師，幻作種種現象；諸法亦是，無明幻作；此喻為十忍之第四如幻忍。

（二）如焰：妄以陽焰為水，煩惱法亦是，皆是妄想；此喻為第五如焰忍。

（三）如水中月：水中之月，歡喜欲取，喻無智者於虛妄中歡喜執取。

（四）如虛空：虛空有名無實，諸法亦是，無智者於虛妄中計為實有；此喻為第十如空忍。

（五）如響：空谷回音，虛妄非實，一切音聲亦是；此喻為第七如響忍。

（六）如犍闥婆城：樂神犍闥婆能幻作樓閣，諸法亦是，暫起而現。

（七）如夢：夢醒自笑，覺悟智者知妄而笑；此喻為第六如夢忍。

（八）如影：影可見而不可捉，眼等諸根亦是，雖有見聞覺知，但無實體；此喻為第八如影忍。

（九）如鏡中像：鏡中像無實而可見，諸法亦是，無實但有名字，誑惑凡夫而起分別。

（十）如化：天仙變化諸物，雖有男女等相，而無苦樂之實，諸法亦是，無有生滅，變化而成；此喻為第九如化忍。

不可說不可說

——第三十〈阿僧祇品〉

科學上的天文數字，如果放到《華嚴經．阿僧祇品》當中，則是小巫見大巫。《華嚴經．阿僧祇品》將大到無法計算的巨大數字一一列出，讓人驚歎佛教不可思議的海量時空觀！

驚人的計算單位

普賢菩薩說完〈十忍品〉後，心王菩薩問佛：「世尊！諸佛如來演說阿僧祇、無量、無邊、無等、不可數、不可稱、不可思、不可議、不可說、不可說不可說。世尊！云何阿僧祇乃至不可說不可說耶？」

佛言：「善男子！一百洛叉為一俱胝，俱胝俱胝為一阿庾多，阿庾多阿庾多為一那由他，……不可說不可說為一不可說轉，不可說轉不可說轉為一不可說不可說，此又不可說不可說為一不可說不可說轉。」佛在〈阿僧祇品〉以一百二十三個巨大的計算單位，回答心王菩薩的疑問。

根據《俱舍論》所載，印度的計算單位有六十個，依序為：一、十、百、千、萬、洛叉、度洛叉、俱胝、末陀、阿庾多、大阿庾多……，最後八個是無量、無邊、無增、出邊、無比、不可比、不可思議、不可說。

本品經文一開始「一百洛叉為一俱胝」是中等的計算單位，洛叉代表萬，俱胝代表億；而「阿僧祇」排在第五十二位數，是中國沒有的度量單位。「阿僧祇」若就字義來說，是「無數」的意思。經論中常用「阿僧祇」表示數量之大，因為「阿僧祇」是十大數之首。十大數分別為：阿僧祇、無量、無邊、無等、不可數、不可稱、不可思、不可量、不可說、不可說不可說。

一般以為「不可思議」只是形容數量之大，並非實有其數；不過已有學者研究〈阿僧祇品〉指出，「不可思議」也是個確實的數字，是在「一」之後加上二九○○○○○○○○○○○○個零，再乘以十的三十五次方，其數目之驚人，令人歎為觀止；而本品經文佛回答的最後單位「不可說不可說」，更是「一」之後加上難以想像的天文數字個零。

佛陀說出這麼驚人的計算單位，其用意為何？

海量的華嚴境界

佛為心王菩薩說了一連串巨大的「數字」之後，再以一百二十偈頌闡述佛菩薩神通變化的大用無礙，度化眾生的德行無盡。所以，佛說一百二十三個巨大的數字，是在顯示佛與菩薩（尤其是普賢菩薩）的殊勝功德難以計算，超越眾生所能計數的範圍而重重無盡：

不可言說不可說，充滿一切不可說，不可言說諸劫中，說不可說不可盡。……於一微細毛端處，有不可說諸普賢，一切毛端悉亦爾，如是乃至遍法界。

華嚴境界充滿了不可言說、不可說盡的神妙境界。譬如：在一切微細的毛端處，都有著不可說不可說的普賢菩薩，遍滿法界都是如此。而一位普賢菩薩的功德量已經說不盡，何況盡虛空遍法界的普賢菩薩的功德量，更是說不盡！在一粒微塵之中，就有十萬個不可說劫；在這麼多劫當中，稱揚讚歎一位普賢菩薩的功德，是沒有人可以說盡普賢菩薩究竟有多少的功德量，何況是遍法界的普賢菩薩之殊勝功德！

普賢菩薩之殊勝功德已經難以思議，何況是至尊佛陀：

彼佛法身不可說，彼佛分身不可說，莊嚴無量不可說，往詣十方不可說，……所有神通不可說，所有境界不可說，所有加持不可說，所住世間不可說。

佛德的深廣難測，若以每粒微塵中所有的佛剎來說，已是不可說。再把每個佛剎磨碎為微塵，一微塵為一大劫，經極微塵數劫，以無礙辯才，日以繼夜，相續敷演佛勝功德，也說不盡。

佛陀的依、正二報，能夠自在融攝、入出，自在利益眾生。對於這些種種的德行，大菩薩全部都能一一分別說明；亦能宣說一切的菩薩因行，譬如三業勤勇行、應器攝生行、遊方供佛行、廣修十度行、遊剎自在行、調伏眾生行、三業深淨行、願智自在行：

所有神變不可說，所有示現不可說，於中時劫不可說，於中差別不可說，菩薩悉能分別說，諸明算者莫能辨。

佛菩薩的一切德行雖然深廣難測，但佛及大菩薩皆能知之；反觀再聰明的凡夫，即使大數的最小單位「阿僧祇」都不能體會，何況是其他更大的數目。故而此品以大數之首——阿僧祇，名為〈阿僧祇品〉。

本品經於《六十華嚴》及梵本中，皆名為〈心王菩薩問阿僧祇品〉。

三大阿僧祇劫

佛經中用「劫」來表示長時間，「剎那」、「一彈指頃」來敘述短時間。

依據《大智度論》，一世界成毀的時間是「一大劫」，一大劫是由成、住、壞、空等四中劫所合成，而四中劫各由二十小劫所合成；因此，一大劫共含八十小劫。一小劫可換算為一千六百七十九萬八千年；二十小劫為一中劫，即三億三千五百九十六萬年；四中劫為一大劫，即十三億四千三百八十四萬年。

成佛要歷三大阿僧祇劫，這意味著要修持不可思議的時間才能成佛，若配合菩薩道五十階位來說：

（一）從初發心修善行起，至開悟成為入地菩薩，包括：十信、十住、十行、十迴向之四十位，要修一大阿僧祇劫。

（二）初地至第七地，再修一大阿僧祇劫。

（三）八地至成佛，再修一大阿僧祇劫，是為三大阿僧祇劫。

就漸教來說，成佛要花三大阿僧祇劫；但就圓頓教而言，若能認識自性，稱佛性而修，不用三大阿僧祇劫，亦能頓超成佛，如《法華經》龍女頓超成佛，《華嚴經》善財童子一生等佛。不過，佛在因地為菩薩時，發心修行，利益眾生，常是超過三大阿僧祇劫，在無量阿僧祇劫都廣做六度萬行！

無論是三大阿僧祇劫，或無量阿僧祇劫，或頓超成佛，就華嚴圓教而言是平等的，因為一念就可完成無量劫的廣大利眾事業，是念劫圓融。

功德大・法界沐恩波

——第三十一〈壽量品〉
第三十二〈諸菩薩住處品〉

〈阿僧祇品〉、〈壽量品〉、〈諸菩薩住處品〉這三品都在彰顯佛菩薩的德行，皆為心王菩薩所請之法，其中〈阿僧祇品〉是佛作答，後面兩品則是心王菩薩所講。〈阿僧祇品〉以巨大的天文數字，顯現諸佛菩薩的殊勝功德難以計算；〈壽量品〉則就佛的壽量，來看佛的功德無量；〈諸菩薩住處品〉則是顯示菩薩的德行遍一切處。這三品是第七場法會等覺法門的內容，所以，這三品也可說是表明等覺菩薩的深妙奧祕之處。

〈壽量品〉

《華嚴經》有〈壽量品〉，《法華經》也有〈如來壽量品〉，而《法華經·如來壽量品》在日本日蓮宗居於核心肝要的地位，日蓮宗修行者經常持誦〈壽量品〉；其大本山名為「久遠」寺，即出於〈壽量品〉的經文，可見日蓮宗極為重視此品。

《法華經·如來壽量品》釋迦牟尼佛自說：「我成佛已來，甚大久遠，壽命無量阿僧祇劫，常住不滅。」佛陀於久遠劫前已經成佛，這是法身慧命；佛陀已然成道而仍現菩薩身、行菩薩道，這是報身所現的應化身。據《梵網經·菩薩心地品》，佛為教化眾生，已往返娑婆世界八千次成佛：「吾今來此世界八千返，為此娑婆世界，坐金剛華光王座，乃至摩醯首羅天王宮，為是中一切大眾，略開心地法門竟。」

那釋迦牟尼佛於娑婆世界示現的八十歲，是如來的壽量嗎？當然不是，這不過是佛陀化身所示現的一期壽命。聖嚴法師依據其師坂本幸男的說法：若就法身壽命來說，非有量、非無量；就報身壽量而言，在金剛心以前為有量，在金剛心以後為無量；而應身壽量雖有量，但救濟活動不斷，故亦無量。

《華嚴經．壽量品》則是以佛土的久暫，來說明佛陀住世時間的長短，並非直述如來壽量，故其別行經名為《無邊佛土經》。本品首先從娑婆世界和阿彌陀佛的西方極樂國土來做較量，極樂佛國土一日一夜，等於人間的一劫。如此輾轉較量其他世界，最後，顯示出佛的壽量重重無盡。此外，更凸顯出普賢菩薩因為發了無盡的誓願，他的壽量是所有國土中最長的。「一塵有無盡普賢」，普賢行是無窮盡的，乃至於成就等覺位後還要繼續成滿，所謂「圓滿普賢行」，所以，他的壽量也是沒有盡期。

《華嚴經．壽量品》以普賢菩薩的壽量無盡，來彰顯如來的壽量更是無有盡期，雖然不同佛土的壽量，或長或短，但法性等同，本無長短可言；或生或滅，而亦實無生滅可言。

佛國剎土的時間差距如此之大，三界眾生除了壽命長短不同以外，相互之間的時間差距也不相同。人間、天上與佛國剎土之間時間長短的差距，並非只是物質世界在時間或速度上的差距而已，實則源自於心靈境界層次不同而產生的。譬如三昧境界與凡夫心量境界的時間，就不可能一樣；而淨土與三界之間，又更不相同！

〈諸菩薩住處品〉

如果就真諦來說，每一微塵都有佛菩薩的存在，但是，凡夫眾生無法感受到佛菩薩是無處不在的，因此，心王菩薩宣說與娑婆世界有緣的菩薩住處，讓眾生內心有個神聖的歸向之處。〈諸菩薩住處品〉舉出東、西、南、北、東南、西北、東北、西南，八方山海的菩薩住處，做為實例：

東北方有處，名：清涼山，從昔已來，諸菩薩眾於中止住；現有菩薩，名：文殊師利，與其眷屬、諸菩薩眾一萬人俱，常在其中而演說法。

其中東北方的清涼山，為文殊菩薩所居之道場，是中國境內著名的聖地。此外，經中亦列出十二處城邑，乃菩薩眾雜居之處，其中提及震旦（中國）有菩薩安住：

震旦國有一住處，名：那羅延窟，從昔已來，諸菩薩眾於中止住。

古德認為那羅延窟是青州東牢山，相當於今之山東省萊陽縣附近，在唐代仍有古佛勝跡，古德說其靈跡甚多，不亞於清涼山。

本品列舉菩薩的住處，就勝義諦來說，這些聖地都是示現之相。為了讓眾生有個心靈安頓的聖地，乃至因此而能了解菩薩之德遍一切處，於是才顯現住處之相。

華嚴小百科

微細相容安立門

《華嚴經・普賢行願品》：「一塵中有塵數剎，一一剎有難思佛。」「於一毛端極微中，出現三世莊嚴剎。」華嚴境界於一一微塵之中，皆現無數國土（剎），而國土之中又有微塵，微塵之中又有國土，重重無盡，平等無礙。華嚴宗據此成立十玄門之「微細相容安立門」，無論是多微細的事物，都含容一切諸法，如古德云：「納須彌於芥子，於微塵見大千。」

此門除了論及以小容大、以一攝多的境界，更著眼於不壞自相，也就是說，一切法無論大小相狀，都能相容無盡無礙，彼此各不相壞，諸法各住其位，秩序整然，共成一大緣起，此為自然宛然，同時齊顯，亦即《華嚴經．盧舍那佛品》曰：「一毛孔中，無量佛剎，莊嚴清淨，曠然安住。」

妙不可言而略言

——第三十三〈佛不思議法品〉

《華嚴經》第七場法會說明等妙覺法門，共有十一品，前已闡述十一品中的前六品，是從等覺法門宣明法界之深廣無邊；後五品則從妙覺法門暢明佛果之難思議境，並答覆第二場華嚴海會菩薩大眾所問的佛德因果問題？其中〈佛不思議法品〉，也就是第七場法會的第七品，特別彰顯妙覺果滿的佛德境界。

不思議之差別說

「等覺」是等於妙覺，但偏因行圓滿而言；「妙覺」則是捨下最後一分心行，正證佛果圓滿之位。妙覺果位有「不可說」與「可寄言」兩種，「可寄言」是可以寄寓在語言上，又分為兩種差別相：一是差別說，一是平等說。而〈佛不思議法品〉即是將妙覺佛果的德相差別，開顯出來。

《華嚴經》之所以異於其他經典，最主要就在於顯佛果、彰佛德。〈佛不思議法品〉首先會中菩薩希望知道諸佛的國土、本願、種姓、出現、佛身、音聲、智慧、自在、無礙、解脫等十不思議佛事。等覺位的青蓮華藏菩薩，在諸佛威神力的加持之下，代佛答覆以蓮華藏菩薩為代表所提出的疑惑，共以三十二門回答，門門又具足十種無盡法，彰顯三百二十種無盡佛德。分別是：

（一）國土不思議（答以二門）：有十種無量住、普遍無量無邊法界十種法。

（二）本願不思議（答以二門）：有十種念念出生智、十種不失時。

（三）種姓不思議（答以二門）：有十種無比不思議境界、出生十種智。

（四）出現不思議（答以二門）：有十種普入法、十種難信受廣大法。

（五）佛身不思議（答以五門）：有十種離過清淨大功德、十種究竟清淨、於一切世界一切時有十種佛事、十種無盡智海法、十種常法。

（六）音聲不思議（答以二門）：有十種演說無量諸佛法門、十種為眾生做佛事。

（七）智慧不思議（答以三門）：有十種最勝法、十種無障礙住、十種最勝無上莊嚴。

（八）自在不思議（答以八門）：有十種自在法、十種無量不思議圓滿佛法、十種善巧方便、十種廣大佛事、十種無二行自在法、十種住、十種知一切法盡無有餘、十種力、十種大那羅延幢勇健法。

（九）無礙不思議（答以三門）：有十種決定法、十種速疾法、十種應常憶念清淨法。

（十）解脫不思議（答以三門）：有十種一切智住、十種無量不可思議佛三昧、十種無礙解脫。

青蓮華藏菩薩代佛解說不思議境，象徵佛之果德，超離言詮，須假因地菩薩而開顯。青蓮華藏菩薩之「青蓮華」，象徵根本智圓明清淨，毫無染著；「藏」則象徵唯有根本智的圓明，才能成就後得的差別智。而青蓮華藏菩薩答覆蓮華藏菩薩，象徵本品是從根本智開演出差別智，為了教化眾生而彰明諸佛事業的大自在妙用，總談佛果位中的心行法則，不離三昧之體。

本品依於如來身、口、意三密，總顯佛德體用。在身、口、意三業中的任一業用所含藏的一一法中，顯示十種如來果法的不思議境界。一切諸佛種種不思議妙境，皆是圓滿了身、口、意三密智用的真俗二諦妙法，是妄情消滅、真智現前、三昧力顯現的境界。

差別說之不思議

此品雖將佛的差別果相分別開顯出來，但以佛果而言，超於言慮；以佛德而論，則是靈妙而不可思議。佛果的果法智德，深廣超越，絕不是識心、妄情、思慮所能知曉，迴超言念，非要達到亡想、非情的寂智妙境，方能契印；必須精修方便三昧力，才能彰顯。唯有識滅、情昧，才能令正智現前。所以，本品稱名「佛不思議」，不是凡情意識計量所能為之，而是如來能化之智，任運自性遍周！

雖然果海亡言、不可思議，但為弘揚教法及度化眾生之方便，如來闡說不同法門：有時宣說諸佛四十種不共功德，貫通於大、小乘教；有時說五位法門，涵攝大根利器；有時則專說一佛乘所具足的無盡功德。總共有三十二種無量普遍、圓融無礙的大自在妙用法門。

三十二種大自在妙用法門，一一又各開出十門，從而產生三百二十種妙用法門；三百二十種妙用法門，如因陀羅網般的互參、普遍、交攝，真正彰顯出圓融無礙、無盡重重、佛不思議法的無限妙境。

雖然佛果境界不可思議，但佛果不可思議的境界，是從諸佛初發菩提心開始，精進修行，將身、口、意三業的智用，開展成廣大自在的不思議妙境，所以我們後學行者在嚮往欣慕之餘，可以藉由清淨身、口、意三業，身體力行去實踐、去修行、去參悟、去正證，貫徹佛法的精神，亦能成就佛果不可思議的功德妙境，此乃宣說〈佛不思議法品〉的用意！

華嚴小百科

十玄門

十玄門，全稱「十玄緣起無礙法門」，或作「華嚴一乘十玄門」，是華嚴宗二祖智儼大師為解說華嚴事事無礙、圓融無盡的法界妙境而設，是為「古十玄」；完成於三祖法藏大師，為「新十玄」。兩者內容基本相同，唯於次第與說法稍有差異。古十玄門為：1.同時具足相應門；2.因陀羅網境界門；3.祕密隱顯俱成門；4.微細相容安立門；5.十世隔法異成門；6.諸藏純雜具德門；7.一多相容不同門；8.諸法相即自在門；9.唯心迴轉善成門；10.託事顯法生解門。

「玄」乃奧妙，「門」即能通，是指這十種玄妙之門，能通華嚴一乘圓頓妙義，故稱玄門。華嚴境界看似玄妙，實為萬法本來的實相，於佛境界中如實呈現，只是眾生無明而不知不見。萬法的本質，性空而無質礙性，依此本質而互為緣起；緣起之萬法在一真法界的佛境界中，是相即相入，互為作用，不相障礙，如網目般結合，形成法界無盡緣起的華嚴境界。此一境界是萬法的本來面目，古德從十種角度略說萬法緣起的法界境界，是為十玄緣起無礙。

佛身相海無窮盡

——第三十四〈如來十身相海品〉

佛典常以三十二相、八十種隨形好，形容佛身的殊勝容貌與微妙形相。至於暢談佛境界的《華嚴經》，是如何暢談佛身的相好莊嚴呢？普賢菩薩在《華嚴經・如來十身相海品》以將近一卷的經文，把如來的身相從頭到腳讚歎了一遍；並且還說，佛身的相好總有十蓮華藏世界海微塵數相，一一相用，遍周法界，深廣難陳。

九十七種大人相

佛經辨明佛身相好有三類：1.略者，三十二大丈夫相，此即小乘，示現為人相，端正相好，屬化身佛，這是就形色而言，凡聖同見。2.中者，八萬四千相，此為大乘，於因地斷八萬四千煩惱，成就八萬四千波羅蜜，故有八萬四千相好，屬報身佛，這是就定慧而言，唯登地菩薩能見。3.廣者，無量相，此相唯屬一乘圓教，是修廣大利生遍周圓滿無盡大行，故而報得無盡莊嚴圓滿福相身，圓教根基方能見知，如：《華嚴經》中普賢、賢首等說。

據《華嚴經．如來十身相海品》記載，佛成道的時候，展現如海量般深廣莊嚴的佛身相，由唯能證知佛境界的普賢菩薩，略舉九十七種大人相做為代表而宣說。九十七種大人相中，頂相占三十二種，微妙莊嚴，當屬第一：

> 如來頂上有三十二寶莊嚴大人相。其中有大人相，名：光照一切方普放無量大光明網，一切妙寶以為莊嚴，寶髮周遍，柔軟密緻，一一咸放摩尼寶光，充滿一切無邊世界，悉現佛身色相圓滿，是為一。

其他經論談及佛身三十二相，是包含了如來全身的相好；而《華嚴經》僅僅讚歎佛的頂相，就有三十二種大人相，其莊嚴殊特是他經難以企及。

佛身相好除了頂相之外，其他部分則有六十五種大人相：眉間相一、眼相一、鼻相一、舌相四、上齶相一、牙相四、齒相一、脣相一、頸相一、肩相五、胸相十一、手相十三、陰藏相一、臀相一、髀（大腿）相二、腨（小腿）相三、足相十三、膊毛（腋下毛）相一。

九十七種大人相，各有不同的莊嚴物以為莊嚴；一一皆放不思議光明。如來身相是以相顯德，相德深廣，豈止九十七種大人相，而是無邊妙好，歎莫能盡！因此經文結語說「毘盧遮那如來有十華藏世界海微塵數的大人相」，以此闡明如來相海無盡，難可測量，故稱「相海」。如來相體，廣袤無盡；一一相用，周遍無礙；互相融入，體用甚深廣大，難以思議。

如來十身

如來深廣之相，總在十身，故而此品名為「如來十身相海」，以象徵無盡之「十」身，總攝如來無盡相海。華嚴圓教以真實智解照見法界時，萬法皆為佛身，故於第八地說有兩種如來十身，即「解境十佛」和「行境十佛」：

（一）解境十佛：據〈十地品〉記載，如來以眾生身、國土身、業報身、聲聞身、緣覺身、菩薩身、如來身、智身、法身、虛空身等十身做為自身，十身皆由緣起法而來。若依意義分類，初三身顯示染分，次六身顯示淨分，第十身表示不二分，三者互成「染、淨、不二」之十身。或將十身分為三世間：

1.第二之國土身為「器世間」。

2.第一之眾生身、第三之業報身至第六之菩薩身為「有情世間」。

3.第七之如來身至第十之虛空身為「智正覺世間」。

十身融攝三世間之諸法，復以十身及自身遞相互作，融通無礙，故又稱為「融三世間十身」。

（二）行境十佛：以如來行境而現十身，或言是由解境十佛之第七如來身而展開，如示現八相成道、轉法輪等功德事之身：

1.菩提身：菩提樹下朗然大悟，成正覺佛。

2.願身：願以八相成道做佛事之身。

3.化身：普應群機、隨類化現之佛身。

4.住持身：真身及於舍利，住持世間，永久不壞。
5.相好莊嚴身：無邊相好莊嚴的實報之身。
6.勢力身：威德廣大、攝伏一切之佛身。
7.如意身：隨自他意、處處受生，廣度眾生。
8.福德身：福德具足，如海遍圓。
9.智身：妙智圓明，通達無礙。
10.法身：法性真常，清淨圓明，周遍世界。

富貴的《華嚴經》，由十大願王普賢菩薩「稱讚如來」的相好莊嚴和圓滿殊特，除了彰顯佛境界的浩瀚嚴麗、妙不可思，亦意味著若能廣行普賢無盡行，即能證得如來十身，以此十身而現無量莊嚴相海，果德無盡，相海亦無盡。

等覺

（一）佛果之稱：「等」乃齊等，「覺」為佛果，又稱「等正覺」，佛十號之一。佛所覺知，佛佛相等，故云等覺。

（二）菩薩極位：菩薩五十二階次之第五十一位，智慧功德、神通道力，等似妙覺，故謂之等覺。妙覺稱為「無上士」，等覺因此稱「有上士」，可補佛處，乃菩薩最後身，故名一生補處，經八相而成道。等覺入重玄門，重返人間倒修凡事，使其一一契合真理，成就玄妙（教道之重玄）；就圓教而言，乃遍應法界，現十界身，非等覺一位，初住以上乃至佛果亦然（證道之重玄）。

等覺唯存根本無明未斷，根本無明甚深難斷，是一切眾生迷惑之元初根本，又名元品無明、無始無明；十地滿心之等覺，得金剛喻定，斷最後一品無明（別教斷十一品，圓教斷四十一品），故名金剛心，成妙覺佛果。

小中盡見無限

——第三十五〈如來隨好光明功德品〉

妙覺佛果有兩種狀況：一是不可說，一是可藉言語來說。可藉言語來說者，又有兩種情形：一是差別說，一是平等說。自〈佛不思議法品〉、〈如來十身相海品〉至〈如來隨好光明功德品〉這三品，是可用言詞巧說妙覺佛位的差別果相，呈現佛果境界三種不思議法：〈佛不思議法品〉彰顯佛果德，此可說是三品中的總說；〈如來十身相海品〉專顯如來九十七種大人相光明遍照的殊勝境界，但未說明光明照觸眾生令得利益之業用；而〈如來隨好光明功德品〉則顯揚如來隨好的光明，利益眾生之不可思議事。

隨好光明

如來之相好，其中之「好」是隨著如來之「相」而來的微細隱密之好，所以《華嚴經》在第三十四品暢明如來十身相海之後，第三十五品繼續闡發如來隨相而來的微妙之好的光明功德，以增益如來十身相海的莊嚴殊勝。

整部《華嚴經》唯有〈阿僧祇品〉與〈如來隨好光明功德品〉這兩品經文，是如來親口所說，其餘都是菩薩代說。佛在〈阿僧祇品〉說出難以思議的巨量數字；而在〈如來隨好光明功德品〉，佛則略舉一種隨好的微細光明，說明佛菩薩極其微細的境界，卻能展現不可思議的巨大業用，遠遠超過他品經文所詮釋之功德。以其相小而用大的難思難議，為令眾生生起淨信，故由佛自說。

世尊自說，他在最後身為毘盧遮那菩薩時，於兜率天宮放大光明，照耀三界，地獄眾生蒙光所照，立刻脫離地獄痛苦，命終生到兜率天宮。而最後身菩薩足底的隨好光明，常放四十種光明，阿鼻地獄極苦眾生若遇此光，皆悉命終，生兜率天宮。生天之後，天中有鼓發出音聲，為地獄生天的天子說法，教導地獄天子懺悔、發心、供養、迴向等修行法門，令地獄天子頓證十地境界。

天鼓說法

此品雖為世尊自說，但是地獄天子頓證十地境界，全靠天鼓說法一路引導，使得頓超圓證之路更顯神奇，更添神妙空幻的色彩。天鼓自說：

我天鼓音亦復如是，非十方來，但以三昧善根力故，般若波羅蜜威德力故，出生如是清淨音聲，示現如是種種自在。

以此勸慰地獄天子應當了悟緣起無生之理，不著我和我所，遠離五欲、悔除過惡，生起出離三界的出世淨因淨信。過去生因顛倒惡業、愚癡纏縛而生地獄，蒙毘盧遮那菩薩隨好光明照耀而得以直超天上，應以知恩感恩之心，前往毘盧遮那菩薩住處禮敬供養。進而當觀一切業如幻如影，雖有果報而無去來，如此是真實懺悔。

地獄天子在天鼓說法中得無生法忍，發阿耨多羅三藐三菩提心。同時，聽聞普賢廣大迴向，從而證得十地，獲得諸力莊嚴三昧；又以清淨三業悔除一切重障，即見百千億那由他佛剎微塵數放大光明的無量菩薩，一一光明皆有隨好，又於一一隨好中俱無數諸佛，隨眾生心而為說法。地獄天子以無量香華供養已由最後身菩薩證悟的毘盧遮那佛，以此功德成就香幢雲自在光明清淨善根，具清淨眼，具足無量甚深三昧。

地獄天子頓證十地

世尊舉其最後身是毘盧遮那菩薩時，地獄眾生在隨好光明的照耀之下，由地獄頓超至天上；地獄天子聞天鼓說法，即證十地，此為一重頓超。毘盧遮那菩薩成佛後，地獄天子毛孔出華蓋雲，供養毘盧遮那佛，見者得輪王位，即是十地，此為二重頓超。輪王放光，遇此光者，復得十地，此為三重頓超。由地獄而輾轉三重，無限頓超，彰顯華嚴圓頓大法之殊勝，顯示因果不二圓融之理，乃至佛菩薩利益眾生的不思議威德力，展現無遺。

最後身菩薩最卑下之足底的隨好微細光明，就能成就阿鼻地獄極苦眾生離苦生天的果報，何況菩薩全身上下無量之隨好光明，其功德利益更是不可思議！再者、尚未成佛的最後身菩薩之隨好光明既已如此殊勝，那麼證悟果位的如來之隨好光明眷屬，豈非更是不可思議？乃至佛果的本相光明，亦當更是難以思議了！本品即以相小而用大，反襯、凸顯妙覺佛果之法身智用的不可思議。

華嚴圓教所言之如來相好，並非只是外在的莊嚴形相而已，而是在一微細的隨好光明，就含藏了如來的無盡功德，也是純盡法界流現之所在，正是所謂「一即一切，一切即一」，小中就足以盡見無限。

華嚴小百科

相好

佛菩薩所具足的殊勝容貌形相當中，顯著易見者有三十二種，稱為三十二相；

隨三十二形相之好，而微細隱密難見者有八十種，稱為八十種好；三十二相與八十種好，合稱為「相好」。

《觀佛三昧海經》卷九〈本行品〉第八言：「佛生人間示同人事，同人相故說三十二，勝諸天故說八十好。」所以，三十二相不限於佛，譬如轉輪聖王也具足；但八十種好則唯佛才能具足。

佛陀的一一相好，都是圓滿了一一相應的功德而得的果報。《華嚴經》言佛陀廣修圓滿無盡大行，所以報得無盡莊嚴圓滿福相身；而隨形之好則以光明為主，與其他經論所說的八十隨形好不同；因為本經如來為毘盧遮那佛，是以光明遍照為根本特徵，隨好之光明為隱密微細之光明。

圓滿普賢願
——第三十六〈普賢行品〉

華嚴的修行法要，可分為差別因果和平等因果：「差別因果」是依根性因緣差別而說的，有五十二階位的差別，《華嚴經》第七至三十五品屬之。「平等因果」也可稱為「自體平等因果」，是本有的，稱佛性而起修、起用的，由海印三昧力所顯之因果。其中，圓滿五十二階位的差別「因」而沒有差別相的普賢行，是第三十六〈普賢行品〉所述。稱性而一時頓現之「果」，即第三十七〈如來出現品〉，闡明性起之果海。

普賢行・普賢境

〈普賢行品〉顧名思義，是談普賢菩薩的行持。普賢菩薩是如何行持的呢？菩薩之名，略可總攝說明：「普」是遍的意思，「賢」是善的意思，「普賢」二字在中文譯為「遍吉」，「行」有行為、行動、修持、方法等涵義，它是動態發展而非靜態理論，因此，普遍地幫助眾生獲得吉祥圓滿的行動，便可說是「普賢行」。

不過，普賢行超勝於一般善行，是圓因之行，因為普賢之「行」是依性而起修，所修之因行，皆是稱果之圓因，量周法界。因此，廣義來說，整部《華嚴經》所陳述的菩提心、菩薩道的修持方法，就是「普賢行」，皆由佛性起修的廣大菩薩行。

關於普賢行，古德舉了十種普遍之義，用以彰顯行德無盡：1.所求普，求證一切如來平等所證。2.所化普，一毛端有多眾生皆化盡。3.所斷普，無有一惑不斷。4.所行事行普，無有一行而不行。5.所行理行普，即上事行皆徹理源。6.無礙行普，上二交徹故。7.融通行普，一一行融攝無盡。8.所起用普，用無不能不周。9.所行處普，上之八門遍帝網剎而修行。10.所行時普，窮三際時，念劫圓融，無盡期故。

十種行又各具有十門，因此成就百門普賢行。事實上，普賢行是無盡、無量的，是重重攝入而無雜無礙的，舉十種、百門，僅是略舉，表示無盡之意！因此善財童子才入普賢一毛，所得法門即遠遠超過由其他善知識所得之無數倍，實在是由於普賢行之無窮、無盡，故而普賢境界亦無窮、無盡。〈普賢行品〉述及普賢行中十種「普入」境界：

一切世界入一毛道，一毛道入一切世界；一切衆生身入一身，一身入一切衆生身；不可說劫入一念，一念入不可說劫；一切佛法入一法，一法入一切佛法……。

普賢境界也就是華嚴法界境界，萬法在普賢境中，萬法皆是圓滿自在、無縛無執，皆可「一入一切，一切入一」，無論佛剎與微塵、佛與衆生、萬法與一心……，都非對立，而是平等周遍，有著相即相入、互相涵攝的關係；就像多重鏡面互照，呈現重重無盡的普賢廣大境界。所以，普賢行是法界緣起的因果實德，是稱法界而起的大用！

一念瞋心起，百萬障門開

雖然〈普賢行品〉暢談普賢平等因的修持與境界，但是普賢菩薩在此品破題時明示，眾生之所以因果歷歷，宛然不虛，是因為眾生恆處在妄想、分別、執著之中，與諸結縛恆共相應，所以因果業報，循環不息。

普賢菩薩進而言之，眾生的一切過失當中，尤以瞋心的過失最為巨大，菩薩若於他菩薩起一念瞋恚心，即成就百萬障礙之門，這也是法界緣起，只是這是煩惱障礙的法界緣起。

瞋恨為什麼是最大的惡業？因為斷了慈悲心。成佛的關鍵是菩提心，而菩提心是上求下化之心，如果因為瞋恨而棄捨一個眾生，絕對不能成佛。所以普賢菩薩力說十種正法，以斷除瞋恨之惡業。而斷惡業的第一正法就是「心不棄捨一切眾生」，是以菩薩行的總原則就是慈悲心，悲智交徹，才能成就無量無盡之普賢行。其他九法分別是：2.於諸菩薩生如來想，3.永不誹謗一切佛法，4.知諸國土無有窮盡，5.於菩薩行深生信樂，6.不捨平等虛空法界菩提之心，7.觀察菩提入如來力，

8.精勤修習無礙辯才，9.教化眾生無有疲厭，10.住一切世界心無所著。

菩薩若能安住這十法，便能朝向普賢行邁進，具足：1.十種清淨：通達甚深法清淨，親近善知識清淨，護持諸佛法清淨等。2.十種廣大智：知一切眾生心行智、業報智、佛法智等。3.十種普入：一入一切，一切入於一等。4.十種勝妙心：語言、非語言之妙心，無所依止、無住勝妙之心等。5.十種善巧智：了達甚深佛法善巧，悟解無差別法善巧，無量方便善巧等。

如是修行，少作功力，疾速便得成佛。當普賢菩薩如此宣說之後，十方普賢各從普勝世界普幢自在如來所前來集會，為普賢菩薩作證。

華嚴小百科

普賢菩薩

若問哪位菩薩能代表《華嚴經》？非普賢菩薩莫屬。

普賢，又名遍吉，位居等覺，證同於佛。「普賢」二字，若約等覺位，普是德周法界；賢是至順調善。若約果位，普是智圓理極；賢是盡未來際，遍利眾生。普賢菩薩遍身十方，不但能廣讚諸佛無盡功德，且能廣修無上供養，能做廣大佛事，能度無邊眾生，世稱「十大願王」。他以智導行，以行證智，解行並進，又稱「大行普賢菩薩」。

普賢菩薩智慧之高，行願之深，境界之廣，遍虛空界、遍法界，不能說盡，唯佛能知。普賢菩薩幾乎就是如來的分身，《華嚴經》中代替如來示現境界、宣說正法，皆為以普賢菩薩為總代表，以其行持境界之廣、之遍，能與諸佛相印，是故如來境界就是普賢境界！

因該果海，果徹因源

——第三十七〈如來出現品〉

〈如來出現品〉是由普賢菩薩說明如來出現的因緣，如來的出現是佛性的自然展現，即如來性起，所以《八十華嚴》的〈如來出現品〉，在《六十華嚴》譯作〈寶王如來性起品〉。

性起平等，因果不二

本品在《華嚴經》中的地位相當重要，因為「性起」是華嚴思想的一大特色，古德區分性起為理性起、行性起和果性起，本品說明果性起，是不待因緣、稱佛性而起的一體圓融觀。

性起的自體因相，即普賢無盡大行；而自體果海，則是絕於言說的佛海。所以，本品與前一品〈普賢行品〉可相提並論，二品在說明平等因果：一是說如來「果」德，一是明普賢圓「因」。由〈普賢行品〉的平等之因，而得此品的平等之果，為〈如來出現品〉之由來。

平等因與平等果，二者是不二而二：1.稱果之因，即「因無異果之因」：最初發心的因和最後成就的果，是不即不離、不一不異，所謂「因該果海」。2.如因之果，即「果無異因之果」：脫離最初發心的因，就沒有最後成佛的果德，也就是「果徹因源」。所以因果平等，無二無別，一切境皆一如。

雖是平等因果，但不毀壞因果相，所以先因後果。是故，前一品明「普賢行」；本品則明「如來出現」、或說「如來性起」。

如來出現之成就因緣

本品一開始，世尊從眉間白毫放大光明，名「如來出現」，此光普照盡虛空一切法界，右繞十匝，覺悟無數菩薩大眾，除滅一切惡道痛苦，映蔽一切諸魔宮殿，顯示如來成正覺等道場眾會。之後，光入如來性起妙德菩薩頭頂。大眾見此難得稀有之相，生大歡喜，心想如來必當演說甚深大法，妙德菩薩以偈讚佛。佛又放光入普賢菩薩口，普賢身及其師子座，莊嚴嚴麗更甚於本來及其他菩薩身座。妙德問普賢：如來何以現瑞？普賢在佛的加持下，宣說如來之所以出現的成就因緣，及如來出現的身相、境界等十事：

（一）如來出現之法：佛非以一緣、一事而能出現於世，而是過去成就無量百千阿僧祇事，才能以如來之姿出現於世。無量事略攝為十：攝受一切眾生所發的無量菩提心、無量殊勝志樂、無量慈悲心、無量相續不斷的行願力、無量智慧和方便善道、無量供佛和度眾、無量修福智而心無厭足、無量功德藏、無量道智、無量的通達法義。

（二）如來出現的身相：菩薩不應於一法、一事、一身而見如來，應遍一切處見如來。經文舉十喻說明，其中一喻是「日光等照喻」，日光先照高山，後照平地，此為華嚴宗判教相當重要的經證：如來常放無礙智慧光明，先照菩薩摩訶薩等諸大山王，次照緣覺、聲聞，然後普照眾生；乃至邪定有情亦皆普及。

（三）如來出現的語業：菩薩應知如來音聲遍至，化不失時，隨眾生心樂；如來音聲無主、無作、無生滅，法界所生，普入法界，甚深難可度量。

（四）如來出現的意業：如來心、意、識，俱不可得，但菩薩應以無量、無礙、不可思議廣大相，知如來心。

（五）如來出現的境界：一切境界是如來境界、一切法境界、一切眾生境界、真如無差別境界，法界無障礙境界、無境界境界是如來境界。

（六）如來出現之行：如來所行之行，有二：無礙行及真如行。真如行是體、是性，無礙行是相、是用。

（七）如來出現之菩提：如來成正覺，於法平等，遠離二邊，住於中道；知一切眾生心念所行、根性欲樂，如來於一念中悉知三世一切諸法。菩薩應知自心念念常有佛成正覺，因為如來不離此心而成等正覺。一切眾生心亦是如此，悉有如來成等正覺，無處不有，不離不斷，無有休息，入不思議方便法門。

（八）如來出現轉法輪：如來以心的自在力無起、無轉而轉法輪。以三種轉斷所應斷而轉法輪。於一音中出一切音而轉法輪，內外無著。轉法輪有二喻之義：1.

文字無盡喻，2.遍入無住喻。

（九）如來出現之入涅槃：如來為令眾生欣樂而出現於世；欲令眾生戀慕而示現涅槃。如來實無出世，亦無涅槃。何以故？如來常住清淨法界。

（十）如來出現之見聞、親近所生善根：菩薩見聞、供養如來，所種善根，皆悉不虛，以此因緣，能生無盡覺慧，離一切障難，功德深遠，直到佛地。這是如來功德深遠之法門，為如來祕密藏，有別行經名為《如來祕密藏經》。

普賢菩薩說完如來出現十法之後，十方世界六種震動、十八相動，雨無量不思議法雲，周遍十方法界。十方無量同名為普賢的如來，皆現於前而同聲稱讚，於一切處同說如來出現之法，與會聖眾，皆蒙授記，未來成佛。

華嚴小百科

性起

「緣起」為佛教的通說，「性起」則是華嚴獨有的特點；《六十華嚴》的〈寶王如來性起品〉，詳述如來出世的因緣和勝相，為華嚴宗性起思想的根據。

「性起」是最圓滿的一乘教義，「性」是指佛性、覺性，是究竟的真實，遠離所有分別相，非緣修所造。〈寶王如來性起品〉談到，菩提覺性是一切眾生本來具有的，而且具有「現起清淨法」的作用；雖然眾生證得覺悟的先後有所不同，但是覺性始終存在於眾生心內。下至地獄眾生，上至頓悟菩薩，當生起大解、大行、大見聞心，便是覺性的顯現、起用。

相對於「緣起」層面的「起」而說「性起」的「起」，是為「起即不起」，此乃華嚴二祖智儼「性起」的名論。三祖法藏則從果海、性體、緣成無自性、唯據淨用等四個角度，說明稱性而起之絕緣道理。

〈第三部〉

行

有信、有解之後，
須再展開具體的修持行動，
才能進入圓滿無礙的佛境界，
也就是依著解門的正法而精進修持。

第八會

本會三會普光明殿，
象徵行持依光明本覺之外，並要依解而行。
由普慧菩薩向會主普賢菩薩提問，問一答十，
開出二千條行門，彰顯華嚴的圓滿行、無盡行。

行行重行行

——第三十八〈離世間品〉

《華嚴經》第八場法會是行分，將解分之信、住、行、迴向、地、等妙覺等菩薩階位的全部內容，一時齊現，不講次第，六位頓修，是《華嚴經》二轉六位因果，僅〈離世間品〉一品。就解門而言，這是總複習；就證門而言，這是實踐與證道的起點。

斷捨離

〈如來出現品〉之後，佛一定會講〈離世間品〉。為什麼？如來出現在世間是很殊勝難得的，而凡夫眾生在世間都有很多痛苦，如何遠離世間煩惱，讓身心自在？乃至徹底捨離一切世間煩惱，究竟解脫成佛？這是如來出世的重大因緣，而

〈離世間品〉就是告訴我們方法，所以此品可說是修行的武功祕笈。

從字面上看「離世間」，好似離開世間到哪個地方；其實，不離世間。「離」有二義：1.性離，指世間性空；2.事離，指修行成就時毫無染著，超絕世染。所以「離世間」的重點，首先是要了悟萬法性空；若不了悟，處處執著，就被世間束縛，纏繞不休。而菩薩有出世間的大智慧——性離和事離，雖在世間，也不受染汙，能離世間；但因大悲深切，雖然不受世間染汙，但仍不離開世間的眾生，始終在世間行化，更進一步又捨離了出世間的清淨執著。菩薩究竟之「離」，乃雙融悲智，動靜無二，入世、出世自在無礙，唯是一念，無有障礙，達到境行融通的境界，這是菩薩究竟捨離之無礙無盡的普賢大行。

普賢二千勝行

修行的武功祕笈是如何傳授出來的呢？代佛說法的第一大菩薩普賢，入「佛華藏莊嚴三昧」，安住在與佛無異的廣大三昧妙境之中。普慧菩薩觀察時機成熟，於是代眾生向大行普賢菩薩問了兩百個歸納世、出世間的根本問題，真是浩瀚壯觀的大哉問。行門第一的普賢菩薩以自身行持的功力對於每題都回覆了十個答案，問一答十，彰顯每題答案都是重重無盡，可開出無量法門，是所謂：「普慧雲興二百問，普賢瓶瀉二千酬。」兩千個答案都是普賢的廣大勝行，境界極其寬廣深徹。

二千勝行若簡要收攝，可分五門說明：1.約因果：一切賢善的普賢行，都是徹於佛果的因。2.分行位：一行遍六位，一位賅二千，如此無礙而不壞前後，是普賢行。3.顯普別，能分別而不壞普周遍滿，是普賢行。4.明互攝：六位之內，一一各收一切位，共成一萬二千行。5.辨行相：依六位，分為信、住、行、迴向、地、等妙覺六位行法。

由上述五門可知，〈離世間品〉由於起行圓融，將圓融妙境闡說無餘，涵攝法界中的各種層次，所以〈離世間品〉這二千勝行稱之為圓融門。

十種依

普慧的第一問，是學佛第一步、也是最重要的問題，他問普賢菩薩：「什麼是菩薩之所依？」學佛之後，我們想要脫離生死輪迴，究竟成佛，這菩提路上要依靠什麼？普賢菩薩回答十種依：

第一、「以菩提心為依，恒不忘失故。」這是貫穿所有解脫生死的必要條件，也是最重要的根本——不可忘失菩提心，〈離世間品〉：「忘失菩提心，修諸善根，是為魔業。」修行人該怎麼修？依菩提心而住世間，所謂：「不忘初心，成佛有餘！」〈離世間品〉的大總綱，就是不忘第一問的初心。

第二、「以善知識為依，和合如一故。」學佛路上有善知識提攜，才能走在正道，不會迷失。不過依止善知識，不是依賴善知識，而是依其指導，和合如一。善知識的範圍之廣，不讀《華嚴經》根本想不到，在〈離世間品〉中，普賢菩薩列舉十種：能使我們安住在菩提心上、能令我們產生善根、能教導我們行波羅蜜、能解說一切法、能令我們心性成熟、能讓我們得決定辯才、能令我們不著一切世間、能令我們於一切劫修行無厭倦、能令我們安住普賢行、能令我們入一切佛智所入，這些都是善知識，不是只局限在親教師、阿闍黎、上師等人身上。普賢菩薩的十種善知識，開展了很大的空間讓我們去依止！

很多人在尋找善知識，簡單地說，善知識就是能讓我們產生大智慧，圓滿菩薩道、菩提道的人，透過他，能啟發我們生命的智慧，乃至得到生命的究竟覺悟，就是善知識。

第三、「以善根為依，修集增長故。」菩薩依止善根，所以我們的善根要修集增長，讓菩薩種性的善根成為自己的等流，這是菩薩道很重要的部分。人很容易迷失，即使這一世學了佛；但是若沒有解脫輪迴，也沒有將菩薩悲智的種性等流在自己的生命之中，一旦轉世，隔陰之迷就會忘失一切，而無始以來的無明惡業習氣，讓人又會再度起惑造業。

釋迦牟尼佛的本生，因為等流菩薩種性，即使有隔陰之迷，也是樂愛追求佛法，樂於修行，樂於恭敬供養布施，樂於修波羅蜜，就算有權有勢，也不會墮落造業，反而成為菩薩的善根助緣！

十地菩薩有菩提心習氣、善根習氣、教化眾生習氣、見佛習氣、菩薩行習氣、大願習氣、波羅蜜習氣等的十大善法種子，皆由後天修行熏習而得的種性。十地菩薩聽聞佛法等流教化，修習眾善，日久熏成的種性，無始以來法爾自存，輾轉相續熏習成無漏因的種性。一般世間人收集古董、寶物，就是沒有收集菩薩善根的習氣，〈十地品〉言，菩薩要將成佛的習氣，轉變成為自己的習氣！所以，要依止善根，就要從現前當下這一念心的習氣改變下手，善根要不斷地增長，修集成為自己的習氣！

第四、「以波羅蜜為依，具足修行故。」波羅蜜是到彼岸，「以波羅蜜為依」就是在處理任何事情時，不可半途而廢、見異思遷，一定要有始有終，處理到圓滿，臻至「到彼岸」的波羅蜜圓滿境界。

第五、「以一切法為依，究竟出離故。」菩薩以一切法為依，不偏空，也不滯於有。凡夫眾生是以肉身為依，以煩惱為依，以六根攀緣六塵境界而不得出離。二乘人以偏空涅槃為依，但滯於空，不能證得究竟佛果。菩薩則是以一切法為依，觀察一切萬法而了達萬法實相，開顯無量智慧，因為真理無所不在，所以菩薩證一切智和道種智，究竟圓滿出離。

第六、「以大願為依，增長菩提故。」三世諸佛都是以願導行，所以菩薩是以菩提大願導引自己的生命方向，如此就會直驅菩提，無所偏頗；若無願力，凡夫眾生就是被業力牽著走，業力牽引就是輪迴不斷！

第七、「以諸行為依，普皆成就故。」不能只有願，還要兌現願心，所以要實踐。有願無行不成，願要行，所以〈普賢行願品〉的題名就揭示出「行願」不離。願要去做，做得到、做不到，不要在意，去做就對了。

第八、「以一切菩薩為依，同一智慧故。」菩薩道中，跟我們一起成長的助緣，就是菩薩。雖然每個人的菩薩願力各有不同；但是可以互相砥礪扶持，增長信心。菩薩道上，末法眾生單憑一個人的願力太薄弱了，很容易退轉，需要同參道友的相互護持、匯集力量，團結就能凝聚成為一股正面向上的強大智慧力！

第九、「以供養諸佛為依，信心清淨故。」供養是非常重要的修行，供養在普賢十大願王中也占了很重要的部分，不只是廣修供養，好幾個願都跟供養有關，尤其是「常隨佛學」，要以「剝皮為紙，析骨為筆，刺血為墨，書寫經典，積如須彌，為重法故，不惜身命」。這是很重要的法供養！由於這樣的法供養，才能出生無量的功德！〈離世間品〉講了很多法，很多都離不開供養，跟佛結緣的因緣，才不會離開三寶，菩薩道的善根才能延續！

第十、「以一切如來為依，如慈父教誨不斷故。」佛就是菩薩的慈父，依止如來，自己要以慈父如來為榜樣，學做如來，荷擔如來家業。我們以如來教法教誨自己的心，也以如來教法鼓勵同參道友，直至菩提，都要依止如來！

二千行法涵攝萬行

〈離世間品〉中，普賢菩薩首先開示的十種依止，就把菩薩道中最重要的大方向，整個告訴我們了，可說是修學菩薩道最精要的指南！其他還有各種行法，如禪、淨、律、密，盡皆囊括，包括經教的過程以及我們這世間所沒有的行法，普賢菩薩皆一一開演，如：入菩薩們甚深難行的境界法門，甚至佛的甚深內德成滿，如來的十種神力、十種無障礙等。

《諸經日誦集要》中，有段經讚正是稱頌〈離世間品〉：

普光三會，萬行圓修，普賢瓶瀉二千酬，苦海泛慈舟，一句全收，法義一齊周。

〈離世間品〉是第三次再度於普光明殿召開的華嚴法會，將普賢萬行圓融妙境闡說無餘，涵攝法界中的各種層次。第八會的普賢是因位圓滿後、以體從用的普賢，所以此品三會普光明殿，象徵由「就本從用」的普賢，來解說「始終常然」的普賢二千種行法，一切修行的法門都可稱為「普賢行」，以賅萬行，令智行清淨、功德圓滿，成就普賢行，入生死海，圓滿大悲，究竟自在。

華嚴小百科

世出世間

「世出世間」是指在世間法中，能出離世間，又不離世間法。

有情眾生在三界中生死輪迴，無論苦與樂，不能出離就是苦；若能出離，就是出世間。小乘了悟萬法苦、空、無常、無我，證人空（即人無我），出三界苦，得解脫樂，這是出世間智；但小乘未證法空（即法無我），執著世間苦而入涅槃，不能發起世出世間的功德。

世出世間的殊勝功德是依止於不偏三界空、有的般若中道，才能引發出來。大乘菩薩證人空，也證法空，徹悟所謂的苦樂，其實都是夢幻泡影，因而能不繫著世間；但不是證得二空就圓滿了，還要以般若空慧廣行菩薩道。以般若空慧修學五明，能通透五明的法要，快速清淨所知障，生出世出世間無量清淨的殊勝功德，這才真正圓滿世出世間的智慧。

〈第四部〉

證

智與行，是求道者的兩大要項，
修行者若能圓融智、行，
以智為前導，以行來體認向上的聖輝，
圓德契聖，必然證入一真法界。

第九會

本會由善財童子展開五十三參善知識的朝聖行，
具體示範即生成佛的不可能任務，
讓高妙的佛境界不再遙不可及，
而是貼近眾生、活脫脫的生命歷程。

善財童子五十三參

——第三十九〈入法界品〉

〈入法界品〉是《華嚴經》的縮影，此品之前的三十八品可譬喻為百川，〈入法界品〉猶如大海，其間的源流與體用是相同的，可以融歸於一真法界之中，是華嚴教海的最高臻極處。〈入法界品〉單一品就涵蓋了二十一卷經文，占八十卷的整部《華嚴經》四分之一強，可見其分量之重。本品可分為「本會」和「末會」兩部分：

本會：頓證一真法界

本會總說如來果德，所以法會會主是如來，地點在舍衛城的逝多林，也就是我們所熟悉的祇樹給孤獨園的重閣講堂。

法會一開始，菩薩以心念請問如來果海中事，諸如：如來境界、如來三昧、如來身、如來智……。但是「果海絕言」，果海中事是言語道斷、心行處滅，為了避免眾生落於言詮，於是如來入三昧定境，讓世間普皆嚴淨；又以佛神力，使逝多林忽然廣博，直顯十方世界不可思議的莊嚴境界，十方菩薩雲奔至逝多林而充滿法會會場的盛況。

佛陀入「師子頻申三昧」，並放眉間光，在佛陀廣大遍照的燦爛光明中，與會的諸大菩薩領悟一切如來果海中事，頓時證入一真法界。

末會：漸證華嚴大海

本會中頓入法界的大菩薩們，在末會則化身成為不同身分地位的善知識，由善財童子示範依止這些善知識而漸修證入一真法界。末會分為三部分：

（一）攝比丘會

十方菩薩雲集，充塞整個逝多林，聲聞聖眾雖然同時就在逝多林當中，但卻完全不知菩薩境界、菩薩普詣、菩薩受記、菩薩成熟……。而如來在逝多林示現的果海中事，聲聞聖眾也完全未見如來神力、如來境界、如來遊戲、如來妙行……。

所謂：「有眼不見盧舍那，有耳不聞圓頓教。」小乘聖者亟欲出離輪迴苦海，因而對於能解脫輪迴的聲聞道已然滿足，也因此而遠離大悲，對於大乘菩薩道的種種智慧不能積集、不能修行、不能願求、不能證得。所以，聲聞聖者雖在逝多林中，甚至如來親在眼前，猶然不知如來和諸大菩薩的廣大神變。

但是諸佛出世的本懷，就是要讓眾生同登華藏玄門，因此佛入師子頻申三昧，除了眷顧大菩薩眾，也希望聲聞乘者同沾法益。於是弘法健將文殊菩薩，帶著如來偉大的使命，走向人間，把平等一味的出世大法，介紹給人間大眾。舍利弗在佛的神力加持下，與其共住同伴的六千比丘，一同跟隨文殊菩薩南行人間。舍利弗並為諸比丘，宣歎文殊菩薩具足的無量功德莊嚴，眾比丘聽聞之後，心意清淨，信解堅固，喜不自勝，頂禮文殊菩薩，合掌恭敬，文殊菩薩遂為比丘們開示普賢行。比丘們聞已，證得無礙眼見一切佛境界三昧，得此三昧而悉見十方無量無邊一切世界諸佛如來。

這場法會令聲聞聖者迴小向大，三乘入於一乘。

（二）攝龍王會

文殊菩薩勸請比丘們發大乘菩提心之後，隨即來到福城的莊嚴幢娑羅林中大塔廟處，宣說《普照法界修多羅》，說此經時，大海中出現無量百千億諸大龍王，奔赴塔廟，聽經聞法。龍族聽聞妙法之後，深厭龍趣，欣求佛道，咸捨龍身，生天人中。一萬諸龍於阿耨多羅三藐三菩提得不退轉，無量無數眾生於三乘中各得調伏。

這場法會通收各類權教眾生，入於圓融無盡法門。

（三）攝善財會

最後一場法會是〈入法界品〉的主軸，也就是大家耳熟能詳的善財童子五十三參，占十九卷半的經文。首先由文殊菩薩指示善財童子南詢而拉開序幕，依序展開參訪善知識的實際修學之行，並一一證入菩薩階位，屬於漸入法界。

〈入法界品〉無論本會或末會，都是彰顯證入法界。本會頓證，說明「果法界」，末會漸修，暢明「因法界」，雖然主角善財是一生等佛，但是示現按部就班地參一友、入一位，漸證法界，是一參一參地分別說出法身大士修因的歷程。就華嚴圓融的立場而言，一位即是一切位，一切位也即是一位，所以究極來說，善財在初發心時已成正覺，即已頓入華嚴無礙圓融的法界；五十三位善知識也只是「諸賢寄位」。善財示現五十三參朝聖行，其實是要讓凡夫相信，成佛是可以證得的，是確實有跡可循的。

華嚴小百科

入法界

「入法界」有「能入」、「所入」的分別，「入」指能入，「法界」為所入。

「法界」是華嚴教義上相當重要的觀念，善財童子所入的「法界」是修行所證的境界，也是毘盧遮那佛的依、正二報。

法界的內涵固然有多義性，然可歸結為「一真法界」。一真法界就是諸佛和眾生本源的清淨心，是成佛的因，一切也唯此心所造，亦稱一心法界。一心即是法界，一心之外別無法界，法界之外別無一心。

《華嚴經》所詮的即是「法界」，〈入法界品〉是託善財童子能入的智行，諦證所入的境界；能入與所入不相乖戾，便形成圓融無礙的法界。華嚴以入法界為覺悟成佛的途徑，並把悟入法界做為眾生修行的最後歸宿，此即〈入法界品〉所示。

廣大行願無量境

——第四十〈普賢行願品〉

若論《華嚴經》的修行方法，可從菩薩道的五十二階位（六位因果）來談。洋洋灑灑的《華嚴經》其實就是分別從解、行、證三分，三轉這六位因果；但六位因果太過浩瀚深廣，對一般人而言，並不易把捉。如何能更簡易地掌握華嚴修法，以契入華嚴境界？

普賢菩薩的「十大願王」，正是契入華嚴境界的簡易法門。

〈普賢行願品〉

《華嚴經》因為翻譯時代和內容繁簡的不同，而有六十、八十、四十卷三種版本。現在流通的《華嚴經》有八十一卷，是《八十華嚴》增益《四十華嚴》的最後一卷而成。《四十華嚴》原名為《入不思議解脫境界普賢行願品》，簡稱為《普賢行願品》，全經四十卷僅敘《六十華嚴》和《八十華嚴》的最後一品〈入法界品〉，以善財童子五十三參的故事為主，因而對每一參的描述詳盡又細膩；此外，《六十華嚴》和《八十華嚴》還闕漏了《四十華嚴》的最後一卷，即著名的「普賢十大願王」，現在也常被直接稱為〈普賢行願品〉，但其實只是四十卷《普賢行願品》的最後一卷。

《普賢行願品》講述善財童子參訪寄位五十二階位的善知識，各以專攻的法門證入解脫境界。善財最後一參參訪普賢菩薩，普賢菩薩開示：若欲成就盡虛空、遍法界、不可窮盡的如來功德門，應修十種廣大行願。換句話說，普賢揭示的十大行願，總攝了如來於因地修行時，所行的無量無邊菩薩萬行。〈普賢行願品〉是目前《華嚴經》流通本的最後一品，代表行門圓滿，最後是以象徵圓滿的普賢「十」大願王，來總收華嚴無盡法門。

藏傳佛教非常重視普賢十大行願，並落實為具體的修行儀軌，稱為「七支供」，不僅以此〈普賢行願品〉為修行的總指導，而且七支供成為所有法本、儀軌的基本架構。以法身大士為當機眾的高妙《華嚴經》，因為普賢菩薩揭示的十大行願，讓凡夫眾生有了簡易、切實的下手處，得以契入不可思議華嚴境界的修行方法。

一者禮敬諸佛

禮佛有事有理，事上的佛，指外在的聖者乃至聖像；理上的佛，則是當下清楚明白、如如不動的這念覺性。在事相上，禮佛是淨化三業的行門，身做禮拜、口念佛名、心存恭敬，得身、口、意三業清淨。禮佛除了身體的禮拜，更當禮佛學佛，發願作佛，效法佛陀因地中精進不懈之難行能行。

若能透過事上恭敬的禮拜，折服自己的高慢染習，進而覺照念頭，安住於覺性，內調心性，照破煩惱，即是理上的禮佛。進而於行、住、坐、臥，念念自性自見，即是時時「禮自性佛」。

偈云：「能禮所禮性空寂，感應道交難思議。」能禮的身心和所禮的佛，本性空寂，若於禮佛時，泯絕能所一切分別，與清淨、平等、不動的心性相應，體達「佛即是心，心即是佛」，則更體悟禮佛的真實意義。

普賢行的禮敬諸佛，是要在泯絕能所的分別之上，更進一步地幻現無量的妙有境界，大做無量佛事：

所有十方世界中，三世一切人師子，我以清淨身語意，一切遍禮盡無餘。普賢行願威神力，普現一切如來前，一身復現剎塵身，一一遍禮剎塵佛。於一塵中塵數佛，各處菩薩眾會中，無盡法界塵亦然，深信諸佛皆充滿。

凡夫不能稱性起用，要入妙有的廣大佛境界是不容易的；但是可以藉由觀想，慢慢轉變凡夫狹隘的心性，漸次深廣如入華嚴廣大境界：觀想在遍虛空、遍法界的每一尊佛前，都有無量無邊的我，向無量無邊的佛，頂禮叩拜；如是，當下的時空，即是無限的時空。當我們的心是周遍法界，這種禮敬就是周遍法界的禮敬，這種修行就是周遍法界的修行，所謂「一切唯心造」，就是普賢行的關鍵。所以，當我們的心是盡虛空、遍法界，這樣的恭敬禮拜，就是盡虛空、遍法界；所得的功德，也是盡虛空、遍法界。此即是在修普賢行，即與普賢菩薩之行願相應，漸漸就能契入大方廣的不思議華嚴解脫境界。

普賢菩薩的十大行願，看似平實簡易，但能否由每一行願進入華嚴境界，差別就在這一念心。心性遍法界，所修的每一行願也就遍入法界，也就進入華嚴無窮無盡的境界。

二者稱讚如來

口業的過失，是由於內心瞋恚等煩惱而起。藉由讚歎如來，可以清淨口業，進而轉化內心瞋恚、嫉妒等無明煩惱。在不斷地讚佛之中，憶佛、念佛，心與佛相應，不僅口業清淨，意業也清淨；進而擴大心量，對一切眾生所做的涓滴善法皆歡喜讚歎，即是稱讚未來佛，這是深契稱讚如來之積極意義。

所謂：「心、佛、眾生，三無差別。」無論稱揚如來之因地或果德，讚歎過去佛、現在佛、未來佛，皆能啟發我們清淨歡喜的心，契入光明遍照的自性。因此，我們於「稱讚如來」之時，若能廣修稱歎地遍周法界一切眾生，即是普賢行願：

各以一切音聲海，普出無盡妙言辭，盡於未來一切劫，讚佛甚深功德海。

三者廣修供養

供養，是積集福慧資糧的首要行持。一般人以為，供養的功德大小是依供養之豐厚與否而定，其實，最重要的在於心念。以廣大心、清淨心廣修供養，供養的物資即使微薄粗鄙，也勝過以散亂心、貪求心所做的供養之功德，因為捨離吝嗇的慳貪心，是廣修供養的主要目的。

布施供養，功德無量，其中尤以法供養為最，所謂法供養，包括：如法修行、利益眾生、代眾生苦等，〈普賢行願品〉：「如是修行是真供養。」

四者懺悔業障

古德云：「福禍無門，唯人自召。」造了惡，必定招感惡報，若能直下承擔過失，繼而發露懺悔，轉惡修善，便能消業、轉業；雖不求福，而福必自來，經云：「於諸福德中，懺悔福德最大。」

懺悔的方式很多，大體可分「事懺」與「理懺」。事懺是以身、口、意三業懇切地懺悔過去、現在所造的罪業，改往修來；理懺則是觀察業性本空的道理，了達一切罪福皆由心起。真正的懺悔須先從事懺做起，事上圓滿了，心安理得，這念心就容易與理相應，了達罪性空寂，不再念念追悔，終能契入空性，善念不起、惡念不生，達到究竟的懺悔。

五者隨喜功德

隨喜，對於他人的福德，不論大小、多少，一律心生歡喜。有的人對於他人的福德未必歡喜，甚至嫉妒，這是心量狹小所致。所以此一行願，就是藉由隨喜他人的功德，來擴展自己的心量。〈行願品〉揭示，不論凡、聖，乃至六趣四生一切種類，所有功德都以平等、無瞋嫉的心，全然地隨順歡喜。

六者請轉法輪

佛法如同運載眾生從苦海解脫的交通工具，所以以「轉法輪」譬喻演說佛法。「請轉法輪」是勸請一切諸佛菩薩，乃至大善知識宣說佛法，使一切眾生都有聞法得度的因緣。古人為了求法，不畏艱難，甚至寧以生命做為代價；而普賢行願的「請轉法輪」，亦表求法之懇切，就像大乘經典，多是菩薩代眾請法之後，佛陀才說法，象徵尊重佛法。我們能見珍貴的佛法，真的是百千萬劫難遭遇，應當珍惜！

七者請佛住世

「請佛住世」的意義有事有理。事上的請佛，是祈請一切諸佛菩薩、乃至十方一切大善知識常住世間，化導一切眾生；理上更要請「自性如來」住世，因為佛法的目的是要我們覺醒「自心即佛」。心不染著，安住於清楚明白的自性上，才是究竟的「請佛住世」。

八者常隨佛學

修行學佛，就是要學佛的身、口、意，三業均如佛一樣圓滿無礙，即能成佛。常隨佛學的「常」，意謂恆常與精進，其中亦有超越的涵義：在時間上，超越有限的年月，盡未來際生生世世常隨佛學；在精神體力上，意味著超越一般人身心的極限，恆時精進不懈。

九者恆順眾生

所謂：「未成佛道，先結人緣。」菩薩欲普度眾生，必須與眾生結善緣，所以當「恆順眾生」。不過，不是隨順眾生的貪、瞋、癡流轉，而是隨順眾生的福德因緣、根器利鈍，讓他轉迷啟悟、發菩提心、修學佛法。

十者普皆迴向

「普皆迴向」是普賢十大願中最後一大行願，也是前九個行願的總結，統攝前九所修的一切功德，發心迴向法界。迴向如同點火把，可將火焰傳之千里，而自己的光明無任何減損，並能光光相照，功德再增功德。人的一生不過數十寒暑，到最後均是黃土一抔。因此，若能將小我的心轉為法界心，將所做的一切善法，迴向法界，即能超越有限生命的局限，向無窮展開。

虛空法界、眾生煩惱縱有窮盡的一天，菩薩普皆迴向的願力永無窮盡之時。菩薩不僅願心無窮，而且是無時無刻、無有間斷，從無量劫前就已念念普施一切有情，盡身、語、意業，無有疲厭；乃至盡未來際，迴向志願依舊無悔無倦。

十大行願，是普賢菩薩的宏誓，每一宏誓都是：「虛空界盡、眾生界盡、眾生業盡、眾生煩惱盡，我此行願乃盡。而虛空界乃至煩惱不可盡故，我此行願亦無有盡。」唯有恢宏如普賢，方能許下如此雄大的誓願，因為大菩薩的心，沒有自己，只有法界一切眾生：「但願眾生得離苦，不為自身求安樂。」心懷法界，故其行願皆遍法界。普賢十願儘管浩大雄健，但卻不是虛大不實，而是極盡精微地落實在身、語、意業的念念行持上：「念念相續，無有間斷；身語意業，無有疲厭。」大菩薩之所以為大菩薩，就在這廣大的胸懷氣度和精進不懈的實踐力！

菩薩願行，鞠躬盡瘁，只為眾生！

華嚴小百科

七支供

普賢十大行願，在藏傳佛教具體轉化為「七支供」的修持方法，包括：一、頂禮支；二、供養支；三、懺悔支；四、隨喜支；五、請轉法輪支；六、請佛住世支；七、迴向支。

其中，第一支包含身、口、意三門禮敬，所以含攝十大願的一者禮敬諸佛、二者稱讚如來。第七支包含迴向菩提、眾生、實際，所以含攝十大願的八者常隨佛學、九者恆順眾生、十者普皆迴向。七支供被認為是累積福慧資糧最殊勝、快捷的方法，因為累積資糧的無量法門全都包含在七支供中，可以消除業障、圓滿資糧，無論是即身成就，或想臨終往生，都必須修持七支供。所以，七支供除了是藏傳佛教所有法本的基本架構外，〈普賢行願品〉的偈頌更受重視，或是做為廣大供養的修法，或是做為結行的普皆迴向。

〈七支供養文〉和〈普賢行願品〉偈頌對照表

七支供	普賢行願品偈頌	別名	十大願王	三項修法
第一支 禮敬支	所有十方世界中，三世一切人師子，我以清淨身語意，一切遍禮盡無餘。	三門總禮	第一願 禮敬諸佛	順緣 積聚資糧
	普賢行願威神力，普現一切如來前，一身復現剎塵身，一一遍禮剎塵佛。	身敬禮（三門別禮）		
	於一塵中塵數佛，各處菩薩眾會中，無盡法界塵亦然，深信諸佛皆充滿。	意敬禮		
	各以一切音聲海，普出無盡妙言辭，盡於未來一切劫，讚佛甚深功德海。	語敬禮	第二願 稱讚如來	
第二支 供養支	以諸最勝妙華鬘，伎樂塗香及傘蓋，如是最勝莊嚴具，我以供養諸如來。最勝衣服最勝香，末香燒香與燈燭，一一皆如妙高聚，我悉供養諸如來。	（有）上供	第三願 廣修供養	
	我以廣大勝解心，深信一切三世佛，悉以普賢行願力，普遍供養諸如來。	（無）上供		
第三支 懺悔支	我昔所造諸惡業，皆由無始貪瞋癡，從身語意之所生，一切我今皆懺悔。		第四願 懺悔業障	除違緣 淨治罪障

第四支 隨喜支	十方一切諸眾生，二乘有學及無學，一切如來與菩薩，所有功德皆隨喜。		第五願 隨喜功德	順緣 積聚資糧
第五支 請轉法輪	十方所有世間燈，最初成就菩提者，我今一切皆勸請，轉於無上妙法輪。		第六願 請轉法輪	
第六支 請佛住世	諸佛若欲示涅槃，我悉至誠而勸請，唯願久住剎塵劫，利樂一切諸眾生。		第七願 請佛住世	
第七支 迴向支	所有禮讚供養福，請佛住世轉法輪，隨喜懺悔諸善根，迴向眾生及佛道。	迴向菩提	第八願 常隨佛學	增長無盡
		迴向眾生	第九願 恆順眾生	
		迴向實際	第十願 普皆迴向	

智慧人 44

信解行證入華嚴——華嚴經法要

Faith, Understanding, Practice, Realization for Entering the Avatamsaka Samadhi: Essentials of the Avatamsaka Sutra

著者	陳琪瑛
出版	法鼓文化
總監	釋果賢
總編輯	陳重光
編輯	張翠娟
封面設計	黃宏穎
內頁美編	胡琡珮
地址	臺北市北投區公館路186號5樓
電話	(02)2893-4646
傳真	(02)2896-0731
網址	http://www.ddc.com.tw
E-mail	market@ddc.com.tw
讀者服務專線	(02)2896-1600
初版一刷	2022年1月
初版二刷	2023年7月
建議售價	新臺幣480元
郵撥帳號	50013371
戶名	財團法人法鼓山文教基金會一法鼓文化
北美經銷處	紐約東初禪寺 Chan Meditation Center (New York, USA) Tel: (718)592-6593 E-mail: chancenter@gmail.com

法鼓文化

國家圖書館出版品預行編目資料

信解行證入華嚴:華嚴經法要 / 陳琪瑛著. -- 初版.
-- 臺北市： 法鼓文化, 2022. 01
面； 公分
ISBN 978-957-598-934-7（平裝）

1. 華嚴經

221.23 110018670